U0100485

大展好書　好書大展
品嘗好書　冠群可期

中華傳統武術 4

少林七十二藝與武當三十六功

大展出版社有限公司

裴錫榮 吳忠賢 編著

《中華傳統武術》叢書
編委會

總　序

　　中華民族有著燦爛的文化寶庫，武術是其中一顆璀璨珠璣。悠久的中華傳統武術文化，爲保家衛國、強身健體、祛病延年作出過極大貢獻。縱觀歷史長卷，溯自黃帝時代就有了「干」與「戈」，軒轅皇帝乃習用干戈以征不享（《史記·五帝》），殷、商、周時代便有了角鬥（《周禮·月令》）。秦興角斛，漢有手搏，隋唐、兩宋興武舉、協武校（《唐書·選舉志》《宋史·選舉志》）。元、明、清時代武術較爲普遍盛行。隨著歷史文化的發展與社會制度的更迭，武術在這漫長歲月裡，幾經盛衰，走過了一段曲折的路程，表現出了頑強的生命力。

　　中華傳統武術文化首次在世界人民面前亮相，是在 1936 年德國柏林召開的第十一屆奧林匹克運動會上。當時中國派出了武術代表隊，由前中央國術館組隊並邀請鄭懷賢武術教授共同參加了奧運大會。在會上中國武術隊表演了「武當劍法」「叉術」及傳統徒手套路等精彩節目，爲本屆奧運會增添了嶄新的花絮，給各國運動員和觀眾留下了印象。會後代表隊又在漢堡等地做了多場巡回演出，受到了德國人民的友好稱讚。

　　1949 年，中華人民共和國宣布成立，給中華傳統

武術帶來了春天般的勃勃生機。武術運動在黨和政府的關懷下，得到了迅猛的發展。中華武術不僅成爲人民大衆強身健體的鍛鍊項目，而且已經走進了亞運會的殿堂。傳統武術的挖掘、整理工作也取得了顯著成果，出版的武術書籍如雨後春筍，對我國武術事業的繁榮起了承先啓後的作用。

中國武術拳種繁多。世界各國的武術社團及武術愛好者，相繼來到中國學習中華武術和交流取經；中國的武術運動員、教練員也不斷走出國門，參加國際武術比賽傳授武術，進行各種武術文化交流。武術源於中國，屬於世界。1990年「國際武術聯合會」順應武術蓬勃發展的形勢而成立。中國武術正邁向奧運。

中華傳統武術文化是一種以人爲對象的人文科學，它集健身祛病、技擊攻防和自娛娛人等藝術價值爲一體，匯東方文化於一身，具有獨特的研究價值。它不僅是一種形體鍛鍊和精、氣、神的内在運動，更是一種精神陶冶。

時逢盛世，全面、深入地整理、繼承和發揚中華傳統文化遺產，吸取其精華，推陳出新，是歷史賦予我們的使命。爲此我們編輯了《中華傳統武術》叢書。

本書收入了各家各派的武術優秀拳械套路，可謂百花齊放，四海一家，我武維揚，是爲序。本套叢書預計包括：

（一）中華古今兵械圖考

（二）武當劍

本書在編寫過程中，承蒙上海市武術協會、上海武術院、上海市氣功科學研究會的大力支持，在此表示謝意。

《中華傳統武術》叢書編委會

前　言

　　中國武術將技擊和健身有機地結合在一起。我國傳統武術除拳法、擒拿及刀槍劍棍各種兵械外，還有一個重要內容，就是武功。武術界有句諺語：「練拳不練功，到老一場空。」由此可見武功在武術中的地位。武功就是實力，也就是常說的功夫。香港和國外也有把中國武術稱之爲「中國功夫」的，這和我們現在談的功夫是兩回事。

　　綜觀我國各個拳種和技擊術，不外乎以七拳擊人，無非是各有所側重而已。七拳爲頭、肩、肘、手（拳、掌）、胯、膝、腳。各拳法的不同在於各有各的盤法，各有各的身法。拳法是一種技巧，是七拳使用法的結合，故有「四兩撥千斤」「以靜制動」等說法。然而只有技巧是不夠的，還要有實力和紮實的基本功。否則身法、盤法再好，而拳腳無力，那也只能躲閃而不能制人，平日我們遇見身材高大之人難以制服，原因也就在這裡。因此，各種拳種都注重基本功的訓練，而基本功也正是武功的一個內容。

　　散打比賽和單練套路有所不同，它要求不但能熟練掌握和運用身法、盤法，還必須有一定的實力。這也是我們在此向武術愛好者介紹少林武當武功的一個目的。

　　提起功夫，人們會聯想到鐵砂掌、鐵布衫功，以爲這些是天下無敵的功夫，其實是過去有些文人們的過分渲染，甚至帶上一些迷信色彩而造成的，由此而引起了人們的誤解。

武術功夫的功效是有一定範圍的。中國武術的功夫是透過寒暑不輟長時期鍥而不捨的苦練，使身體某一部位的功能超過正常人的一種特殊素質。

硬功練全身各部的力量和筋骨；輕功練全身輕靈跳躍之法；內功練精、氣、神。各種功夫經過一個階段的訓練並掌握其訣竅都是可以練成的。

古往今來，凡是著名的武術家都有非凡的功夫，霍元甲一腳有千斤之力，王子平人稱「千斤王」。但是，武功絕不是一般人輕而易舉可以得到的，非得苦練不可。現在常看到有人練馬步（也稱站樁），如果堅持不懈就能成石柱功。有人以臂擊樹，如果長此以往則可成為鐵臂膊。總之武功就在於我們平時所見所練之中，關鍵在於數年如一日地刻苦不懈。世上絕沒有不下苦功而可輕易獲得的功夫。

「天下功夫出少林」，少林武功有七十二功之稱。少林武功是少林寺千百年來積累流傳下來的寶貴遺產。1931年，我曾親往嵩山少林寺拜訪了妙興法師，當時妙興法師為少林寺的住持。時值石友三火焚少林寺的第三年，寺中大量建築和珍貴佛經被毀。妙興法師接見了我，和我談武練拳，依然精神抖擻，他曾向我傳授了少林七十二藝（功）的具體練法，並傳給了我有「少林拳宗法」之稱的五形拳，即青龍拳、黑虎拳、金豹拳、白鶴拳、金蛇拳。我在少林寺中住了一段時間方離去，臨行前妙興法師曾囑咐我著書傳世。

翌年，我帶著整理好的「少林七十二藝（功）」和「少林五形拳」再訪少林寺，打算請妙興法師指正，不幸妙興法師已經圓寂。由於沒有當面請妙興法師指正，其所傳的少林七十二藝（功）與五形拳的整理本我一直收在身邊沒有出

版。十年動亂中，家中珍藏幾十年的武術資料皆被付之一炬，惟有這些資料得以倖免，但一時也無法找到。

近來有不少武林同道同我談及少林武功，許多人想了解這方面的有關資料。我雖然極力尋找，但也只發現一些斷章殘篇。一次偶然的機會在舊書堆中找到零星抄寫過的「七十二藝（功）」，眞是踏破鐵鞋無覓處，得來全不費功夫。

今天我們重觀這「少林七十二藝（功）」不禁感慨萬千，雖經幾十年風風雨雨，但當年妙興法師的音容笑貌依然歷歷在目。1932年金恩忠出版過《少林七十二藝》，但內容卻是文言文，沒有圖解，且內容多「亥豕盈篇，魯魚過半」，讀者無法自行練習。爲把眞銓傳出，今按妙興法師當年所傳原貌加以整理出版，以饗武林愛好此道者。

少林七十二功中每個功夫都能由鍛鍊而獲得，但我還要指出一點，有些功夫（比如輕功），必須在老師指導下鍛鍊方能有效，否則反而會傷害身體，這點望讀者牢記。

在妙興法師所傳的「七十二藝（功）」中，有些帶有封建迷信色彩，我在整理中已經刪去。其中有些功夫及其功力我自己未親眼見過，但仍按法師所傳而述。所整理的「七十二藝（功）」，力求達到通俗易懂，但由於篇幅所限不可能每一功都講得非常詳細。

「北崇少林，南尊武當」。少林、武當以拳法名馳中外，也以其功夫流傳千年。由於《武當秘功》歷代只允許武當道人習練，對外絕少流傳，故一般人只知「天下功夫出少林」，而《武當秘功》卻如雲山霧罩，難窺眞面。雖然受時代的侷限、封建意識和門戶之見的限制，《武當秘功》鮮爲人知，但畢竟也藉由各種渠道流傳了下來。少林功夫以外功

見長，而武當功夫則以內功聞名。今天我們將武當山道人徐本善傳下的《武當秘功》加以整理，有選擇地公布於眾，爲推動我國武術事業發展略盡微力。

武林中還有句諺語，叫「未學功夫先學跌打」，這就是說在學習拳路基本功的時候，必須掌握一點跌打知識。因爲練拳中碰傷扭傷是常事，故我們將自己多年練武行醫所得之跌打損傷藥方附錄於後，供參考。

本書所介紹的是古時傳留下的功法，在少林寺、武當山的歷史文化資料中均記載甚詳。其功法是否可行及是否符合科學性，我們未進行考證，而且有些功法不符合時代的要求，還有些功法，如抱樹功、鐵掃帚功對樹木是一種破壞，不可仿效。對書中介紹的練功方法及洗藥處方應持慎重態度，亦不可盲目仿效，以免發生傷害事故。但爲了挖掘整理傳統武功，爲研究中華武藝之演變、考證武術歷史發展的需要，將其整理成冊出版，僅供參考。

在整理書稿時，爲保持資料之原貌，文中所使用的計量標準仍爲舊時通用的斤、兩、錢、丈、尺、寸等。

（1斤＝16兩＝160錢＝500克；

1丈＝10尺＝100寸＝3.33公尺。）

裴錫榮

目　錄

第二篇　少林七十二藝絕技
妙興大法師　傳
裴錫榮　吳忠賢　整理

第三篇　武當三十六功

武當山　徐本善道總　傳

裴錫榮　吳忠賢　整理

硬功功法

第一篇
總　論

第一章　少林武功論

一、千年古寺幾滄桑

少林寺是中外聞名的少林武術的發源地，位於河南省登封縣城西北嵩山的五乳峰麓。嵩山是我國著名的「中岳」，它由少室山與太室山組成。《太平寰宇記》卷四河南府登封縣記載：「嵩高山（即嵩山，嵩高山是別名。其他別名還有外方、中岳、太室、嵩高、半石山等）亦名外室山，戴延之《西征記》載：『東曰太室，西曰少室，相去十七里，嵩高總名，即中岳也。其下有石室焉，故謂之室。』」嘉慶重修《大清一統志》卷二七〇河南府三大寺觀中記：「少林寺在登封縣西北二十五里，少室山北麓。」明代周敘《遊嵩陽遊記》中云：「寺在五乳峰麓。少室山當其南，隱若屏列。」明代文翔風《嵩高遊記》云：「寺當少室山陰，三十六峰之外，有峰曰五乳，自少室拖一臂而北抱寺。」

佛教在西漢末年傳入中國。此後東漢、三國兩晉南北朝以至隋唐以來，階級鬥爭和民族鬥爭日益尖銳，統治階級迫切需要一種維護統治的有效的精神工具，佛教因而受到歷代統治者的大力提倡並逐漸發展起來。

公元 495 年，即魏孝文帝太和 19 年，西域佛教名僧跋陀來到中國，孝文帝厚遇之，並在嵩山少室山麓為其建寺傳

教。此事《魏書》中有記載。少林寺碑中載：「少林寺者，後魏孝文帝所立也……沙門跋陀者，天竺人也。空心無粹，惠淹遠，傳不二法門，有甚深道業。緬自西域，來遊國都。孝文帝屈黃屋之尊，中溜林之敬，太和中治有司於此寺處也。淨供法衣，取給官府。」在北周，靜文帝曾將少林寺改名為陟岵，到隋文帝時又復原名。少林寺建寺以來幾經興廢，歷盡滄桑。

在我國宗教史上，佛教佔有重要的地位，但佛、道兩教之間的矛盾與鬥爭從未間斷過。公元 574 年，即陳宣帝 6 年，信奉道教的陳宣帝宣布廢止佛教，少林寺自然首當其衝。寺院被毀，和尚也被遣散，已有 79 年歷史的少林寺頓時門可羅雀。這次廢佛運動直到大約五六年後的北周靜帝時才告結束。

靜帝降詔召回了流散的少林寺眾僧，使少林寺又恢復了生機。後靜帝讓位於楊堅，即歷史上的隋文帝。

相傳隋文帝是一位好心的尼姑養大的，因此自幼受到佛教的熏陶。楊堅稱帝後立即奉佛教為國教，並大興土木建造寺院，又親自將靜帝所改「陟岵寺」一名復改為原名。另購地四百畝，以供寺中僧人食用資費。於是少林寺香火日盛，僧眾也增到數百人。少林寺雖曾因各個統治集團的宗教信仰不同受到過一些衝擊，但仍然日趨興盛。

統治階級信仰佛教，把寺院視為神聖的象徵，而且當時一些主要寺院皆有來自西域的名僧主持，寺院有自己的法律即戒律，又有保護寺院的僧兵，也稱武僧。隋煬帝荒淫無度，致使天下大亂，各地農民義軍紛紛揭竿而起。少林寺僧既受皇祿，自然要為官府效力，因此和河南一帶的農民起義

軍發生了衝突。義軍一怒之下包圍了少林寺，當時少林眾僧雖然武藝高強，但以區區之數畢竟難以敵眾，結果被迫撤出了少林寺，義軍遂引火焚毀了少林寺。直到義軍退走後，寺僧才回到少林寺，重建寺院。

公元7世紀，李淵建立唐朝。其子秦王世民率兵進攻洛陽，征伐王世充。秦王連戰失利，反為王所困，不得已向少林寺求援。少林寺僧立即出戰援助，解了秦王之圍，並隨軍征戰，生擒王世充之侄，為李世民立下了赫赫戰功，這就是十三棍僧救秦王的故事。

少林寺碑中這樣記載了這段歷史：「王世充僭號，署曰轅川。乘其地險，以成峰戍。擁兵洛邑，將圖梵宮。」「僧志操、曇宗、惠碭等……率眾以拒王師……執充侄仁則以歸本朝。」李世民繼位後，以少林寺平王世充有功，時遣使持書告少林住持，並令立功僧人往見，賜物千段，又封僧曇宗等為大將軍。另賜少林寺良田四十頃及大批銀兩，免去寺中戒酒肉之律，准設習武僧兵五百。這樣，一度大傷元氣的少林寺得到了振興。

在宋、元、明、清各代，少林寺始終安定而且興旺。宋代少林寺已擁有寺僧兩千餘人，房屋百間。清朝康熙皇帝曾親書「少林寺」橫匾賜給這千年古寺。

可惜的是，少林寺這佛教勝地卻在1928年軍閥混戰中毀於一旦。是年，軍閥樊鐘秀與石友三大戰於中原。樊原與少林寺僧過從甚密，於是屯軍少林寺，重創石友三部。後樊鐘秀為石友三所逼，退兵少林寺，石友三率軍追擊，兵臨寺外，遂令部下放火燒寺。大火整整燒了四十五天，大部份殿宇、經樓和佛像被毀壞，只剩下一些殘垣斷壁。

今天，河南省人民政府已撥款重建少林寺和少林武館，按原圖復建昔日被焚毀的幾個大殿。不久少林寺和少林武館將以嶄新的面貌迎接前去觀光的武術愛好者和廣大遊客。

二、少林武名天下揚

佛教宣揚慈悲為懷，禁開殺戒，對於好爭鬥者也有放下屠刀立地成佛之說。少林之所以武功名聞天下，其因大概有三：其一，一般寺院為保護寺院地產不受侵犯，都擁有僧兵。有了僧兵就要練武習藝，這就把和尚與武藝聯繫了起來。當時的少林寺，曾擁地百頃，僧千餘、僧兵數百。

其次，和尚常外出遊方，一般都是單人行走。為了抵禦野獸和壞人襲擊，也需要掌握一定的武藝自衛。

其三，和尚生活單一，專心練武，因而武藝長進快而精。歷代高僧由習練武林中各門拳種流派，從中取其精華，從而使少林武功成為當今武林中的一個極為重要的流派。

關於少林武術曾有許多傳說，而有關少林拳淵源的傳說，最吸引人的有兩個：一個是關於棍法的，一個是有關拳術的。

十三棍僧救秦王之後，少林棍法從此名揚天下。但少林棍法來於何處？康熙年間閻興邦重修的《登封縣志》和明人程沖斗的《少林棍法闡宗》中都有這樣一個傳說。

元朝至正年間（1341～1368），少林寺中來了一位老僧，裸背垢面，寺裡讓他在廚房打雜。這位老僧脾氣古怪，廚中雜務倒是做得有條有理，只是整天沉默寡言，空閑時也只是閉目坐禪。幾年過去了，大家連他的姓名都不知道。一

次，紅巾軍兵困少林寺，眾武僧寡不敵眾，寶剎危在旦夕，寺內眾人頓時亂成一團。只聽那老僧大聲喝道：「大家不必驚慌，待老衲前去退敵。」遂向灶邊抽出一棍，向山門外如飛而去。只見老僧持棍立於嵩山之上，紅巾軍見之紛紛相避而退。眾僧見之大喜，卻又莫名其妙。這時只聽有一僧高聲喊道：「你們可知道是誰退了紅巾軍嗎？他就是觀音大士的化身緊那羅王呀！」眾僧於是紛紛跪拜於地。此後，少林寺便把緊那羅王尊為少林伽藍神，並為之在寺中塑了金身。可見傳說中的少林棍法乃是一個神話。

《武備志》對少林棍法有這樣的評語：「諸宗於棍，棍宗於少林，少林之說，莫詳於近世程宗猷之《闡宗》也。」

少林棍法揚名於隋唐，而少林拳則在九百年後的明朝才風行起來。據說在明朝嘉靖年間，覺遠上人出生於嚴州一個拳師之家。覺遠從小酷愛武術，由於崇仰少林寺武功深湛的洪蘊禪師，就出家到少林寺當了和尚。覺遠生性豪爽，才智過人，他到少林寺才幾年工夫，便把達摩大師的遺法和羅漢十八手進行了透徹的研究，並在此基礎上創出了羅漢拳。當時許多人想拜他為師，但他總覺得自己功夫還未到火候，於是決心雲遊天下以砥礪拳術。這想法得到了洪蘊禪師的贊同。隨後覺遠便從少林寺出發，餐風宿露，夜住曉行，遍遊四川、湖北、雲南等地，尋訪名師高手，切磋武藝。

有一天覺遠來到甘肅蘭州一帶。路上看到一個惡漢與一個商人模樣的老人爭吵。惡漢說老人弄髒了他的衣服，老人再三道歉，那惡漢哪裡肯聽，反揮拳打去。老人剛剛躲過第一拳，第二拳已如風馳電掣般出來，只見老人不慌不忙，只輕輕一閃身，又讓過了這一記狠招。那惡漢見兩拳都落了

空，惱羞成怒，遂飛起一腳，直向老人小腹點去。只見老人微微一皺眉，這次並不躲閃，看那腳來得近了覷個真切，併起食、中二指，在那漢腳背上輕輕一點，那漢頓時翻身跌倒塵埃，叫痛不止。老人並不理睬，揮揮衣袖，揚長而去。

覺遠在一旁暗暗稱奇，料定老人必非尋常之輩，遂暗暗跟定那老人，來到了蘭州。一直到了老人的家裡，覺遠上前拜見，把自己雲遊四方尋訪名師的心願說了，懇求老人收自己為徒。老人被覺遠一番誠意與苦心所感動，說：「我的武功並不高明。我有一友叫白玉峰，是當今名家，我帶你去找他吧。」隨後老人帶著兒子和覺遠趕到洛陽，找到了白玉峰。

此後，覺遠就跟著白玉峰苦練武功。光陰荏苒，覺遠武功日進，又想念洪蘊大師，遂懇請白玉峰和老人同去少林。二人為覺遠的好學不倦所動，同覺遠一起回到了少林寺。

白玉峰因妻子早逝，又膝下無子，於塵世無念，索性出家當了和尚，改號秋月禪師。那老人的兒子也在少林寺出了家，法號澄慧。

此後，覺遠便每日同秋月禪師研磨拳藝，將羅漢十八手改為一百七十二拳，第一次系統地提出了少林拳法。同時還創製了少林五形拳，專練人體的精、力、氣、骨、神五大要素。遂使少林拳法流傳於世間。

明代詩人焦宏詩曰：「風雨數朝槐與柏，蘚苔百道碣連碑。僧閑古殿仍談武，鳥立空階似答詩。處處樓臺皆隨喜，何緣覓得兄多技。」徐學漢《少林雜詩》云：「名香古殿百氤氳，舞劍揮戈送落曛，怪得僧徒偏好武，曇宗曾拜大將軍。」文翔風的《嵩高遊記》云：「歸觀六十僧之以掌搏

者，劍者，戟者，遂以輿西。」

少林寺武藝高強的武僧曾有許多被記載在各種歷史文獻中。隋唐間少林寺主僧志操、都維那僧惠瑒和曇宗等十三人率眾破轘川歸唐，並生擒王世充之侄仁則獻秦王。明朝周希哲修的《寧波府志》中記載有邊澄和尚的事跡：「正德間，倭奴來貢。有善槍者，聞澄名，求一角。時太守張公津許之。倭奴十餘輩，各持槍爭向。澄舉耙一麾，槍皆落。後者復槍圍之。澄一非者，直超其圍，抽耙擬一二倭而弗殺，以示巧。」顧炎武之《日知錄》中載：「嘉靖中，少林僧目空，受都督萬表檄，禦倭於松江。其徒三十人自為部伍。持鐵棒擊殺倭甚眾，皆戰死。」

三、天下功夫出少林

「天下功夫出少林」。自古以來少林武功名揚天下，在長期的實踐中，積累了一套系統的基本功訓練方法。少林武術的傳授方法與眾不同，它特別強調基本功的訓練。傳授拳法也主張在精不在多。一般在少林寺出家當了和尚，總要先練幾年苦功才能傳藝。因為幾年的基本訓練完成以後，身上的力量已經很大了，再傳拳術，悟出道理，技藝進步很快。

自古以來，入少林寺學藝，大抵有兩種：一種是自帶資金上山徑直學藝。明代程沖斗自稱是「挾資遊少林，前後十餘載」。這種人一般非常富有，而且酷愛武術，有一定的武術基礎。他們到少林寺去是為了進一步提高技擊水準；另一種是無錢但仰慕少林武功，因此用入寺做工解決食宿費用等。前一種方式入寺學藝的人為數不多，而絕大多數是以第

二種方法前去學武的。

少林武功往往就是在幾年的勞苦中練就的。電影《少林寺》中有這樣一組鏡頭：和尚們以臂膀代扁擔挑水上山。雖然這種功夫的練法無法在資料中找到，但卻真實地反映了少林和尚做工練功的情景。

少林寺地廣僧多，和尚的分工相當細緻。掃地、燒火、挑水都有專人負責。這些看來都是一些不起眼的差使，卻處處都有講究，都包含著一些最基本的武術訓練方法。

以掃地為例，初到者以小而輕的掃帚掃地，以後逐漸換成大而重的。燒火也是一樣，寺中多以麥秸為燃料。因為寺中人多，每天要燒去大量的麥秸。為了使麥秸燒透，寺中規定燒火僧必須用手指將麥秸壓扁方可投入火中。另外燒火用火鉗也有大有小，初輕而後重。挑水也有大桶、小桶的區別，挑水僧可視體而自選。山中道路多以卵石砌成，挑水負重在光滑的卵石上行走甚是艱難。

如此幾年下來，僧人體力大增，在幾年的苦役中不知不覺已練成一些武術基本功夫。掃地僧兩臂之力極大，挑水僧下盤功夫了得，燒火僧手指功夫驚人。

少林寺中勞役不誤練功，如果是正式開始授藝就更加講究基本功的訓練了。千佛殿是少林寺僧人的練功房，它以楠木做門，紅磚為牆，青磚鋪地，地上砌有圓坑。

據說寺僧在圓坑內練功，掌教的就坐在殿前監督。寺僧如果練累了，可以躺在圓坑內睡覺休息，只是要將燒著的香插於指縫，當香盡時必須起身再練，因此圓坑內都留下了深深的腳窩，至今可看到的腳窩深達四五十毫米，皆係當時練輕功的腳蹬磨而成。他們在練功時腳綁沙袋，膝關節用板繃

直，腳用力蹬地使身體向上騰起。水滴石穿，日久成坑。以此方法練功，坑內跳一尺，平地可跳一丈。

少林寺中練功要求嚴格甚至苛刻。許世友將軍少年家貧，八歲時便賣身到少林寺做雜役。他回憶當年生活時，曾有這樣的描述：少林寺練功要三年貼牆，三年吊臂。也就是說要練習在嵌在牆上的木樁上睡覺及雙手吊在樑上睡覺的功夫。還要打沙袋，然後練三年插豌豆，然後再插沙。功夫成就之後，叉人時五個洞，抓人時一把肉。跑五步可躥上城牆，跳上丈把高的房子而瓦片不碎，可拖著狂奔的馬的尾巴飛身而上，鬼頭大刀斫下可力劈十枚銅板。

少林功夫並非少林寺一家獨創，而是吸取了南北各派精粹熔於一爐而自成一家。據登封縣志一則文史資料記載，五代十國時，高僧福居曾邀集十八家武術高手到少林寺學習演練三年，各取所長，匯集成少林拳譜。有執械的、徒手的、馬上、馬下、步戰、輕功、氣功等一百多種套路。

四、妙興法師與少林功夫

妙興禪師，河南登封人氏，字文豪，別號金羅漢。妙興自幼酷愛武藝，精於文墨，尤嗜佛學。他性格豪放，胸襟寬廣，曾遍遊大江南北。每逢武林高手，必懇請與之交流，技乃大成。後入新軍，曾任團長。因奉命彈壓百姓，問心有愧，乃生放下屠刀立地成佛之心，毅然解甲歸田，退隱桑梓，整日誦經修心，習武健身。十年後，自覺世事飄蓬，遂看破紅塵，入嵩山少林寺削髮為僧。

妙興法師自幼受佛門洗禮，在誦經養性之餘，仍習拳

藝，春風秋雨，寒暑不輟，後被掌門方丈發現，甚感驚奇。此時妙興的功夫已臻化境，又蒙方丈授以護山拳——少林拳宗法之龍（龍拳）、虎（黑虎拳）、豹（金豹拳）、鶴（白鶴拳）、蛇（金蛇拳）五形拳，以及鎮山棍法，並授以點穴、擒拿、卸骨、按蹻、練氣等術。

妙興法師本來武藝高強，再經高手指點，技藝遂達爐火純青之境。此時，遇有俗學拜山較藝，方丈即令妙興與之較量，無不獲勝。因此寺內眾僧心悅誠服。後升為監寺，兼管寺中僧俗教武事宜。方丈圓寂後，遺囑妙興繼承禪位，眾僧又一力推舉，因此妙興就承襲了掌教方丈之位，成了少林寺的一代宗師。

妙興繼任方丈後，因其待人謙和，授藝誨人不倦，山門頓時興旺起來，跟他學藝的僧俗多達數千。同時他還著書整理少林拳術精華，曾著有《少林拳解》《少林十三棍》《達摩五拳經》《禪杖圖解》《少林戒約釋文》《增補拳械箴言》《嵩山少林拳》《六路羅漢拳》《先天羅漢拳》等書。並開始整理少林七十二藝。不幸的是 1928 年軍閥混戰，石友三一怒之下，下令放火燒寺。寺中藏經、拳稿、拳譜木刻版等大量珍貴文物皆被付之一炬，整理出來的部份《少林七十二藝》稿子亦全部燒毀。

當我們在 1931 年拜謁妙興禪師時，他曾親身向我們傳授並囑托我們整理。少林大火之後，禪師悲憤交加，沉疴不起，遂於 1932 年圓寂。

《少林七十二藝（功）》是少林武功的精華。古往今來，曾有不少人整理少林拳術的拳譜，而十分重要的少林武功卻一直為人們所忽視。這個工作是由妙興禪師承襲方丈後

開始的，他親手整理少林武功七十二種，冠名「少林七十二藝（功）」。

少林武功按其性質可分為內功、外功兩大類。內功主練精、神、氣；外功主練筋、骨、皮。外功中又可分為硬功、軟功和輕功。內功又分為動功、靜功和氣功。內功主要是調節人體的內部機能，使之更有活力，是一種強身袪病、延年益壽的養生之道。外功中的硬功主練力量和筋骨的承受力，使肌肉發達，骨骼堅實。

軟功主練陰陽之氣，關節的靈活與韌帶的柔軟。輕功主練體態輕盈，疾走如飛。這些只是大體的區別，其實有許多武功都是內外兼修的。

第二章　武當武功論

　　武當武功是中國傳統武術的一個重要組成部份，是中國功夫的重要流派，是中華民族智慧的結晶。「武當流」與「少林派」曾作為武林兩大重要流派，在中國武術史上佔有重要地位，因此，武林中素有「北崇少林，南尊武當」的說法。

一、武當攬勝

　　武當山，又名參上山、太和山，源於秦嶺山脈，周圍八百餘里，主峰天柱峰海拔一千六百多公尺，巍然屹立於湖北省西北部均縣境內。山中勝跡極多，山川秀麗，風景優美，勝似「五岳」，有「天下名山」之稱，為道教名山。著名道士張三豐曾在此修道，明太祖、成祖均曾遣使尋覓，不遇，乃營建武當山宮觀，賜名大岳太和山。山上很多風景點是按照道教經典中「真武」的故事取名，帶有神話色彩。

　　傳說真武曾在此修道成神，周朝尹喜曾遁隱此山，漢代武帝始設武當縣，隸屬南陽郡，陰長生也到此修煉，以後晉謝允弄營上山修道。隋文帝開皇三年設置均州後，唐代呂純陽、宋代的寂然子都曾上山修煉。

　　明初武當縣併入均州，成祖朱棣即位後，極力推崇道教，敬奉「真武」，在武當山大興土木，每日役使軍民三十

餘萬，歷時十年之久，建成淨樂宮、復真觀等八宮、二觀、三十六庵堂、七十二岩廟、二十亭臺和三十九座橋樑，共建房屋兩千餘間，建築面積達一百六十餘萬平方公尺，綿延一百四十餘華里。各種建築各具特色，規模宏大，氣勢磅礡，雕鑄細膩，富麗堂皇，蔚為壯觀。

現存的宮觀和風景點主要有金殿、太和、南岩、紫霄宮、遇真宮、玉龍宮、玉虛宮、復真、元和、玄岳門、磨針井等。由於歷史的原因，武當派拳術和武功在此應運而生。

二、武當武功淵源

武當武功是我國武苑中一支極其重要流派，它和少林武功齊名。據傳，武當武術由明代道人張三豐創立。經過數百年來的演變，武當武術已由最簡單的「八門五手」「十三勢拳」而發展到今天眾多的門類，如：太極拳、八卦掌、形意拳、武當太極拳、武當八極拳、武當劍、玄武棍、三合刀、龍門十三槍等，成為體系完整、理論精深的一大武術門派。

從明初到民國，在漫長的歷史過程中，武當武術發展史上曾出現過一些名噪一時的武術名師，現就各個時期中的主要人物簡介如下：

首先要介紹的是張三豐，他是我國武術史上的一位著名人物。他武功深厚，醫學淵博，在武當山修道傳藝和治病救人，受到群眾的愛戴和尊敬。明朝皇帝曾在武當山的老營前修建了一座碑樓，稱張三豐為「真仙」。

按《明史·張三豐傳》及《三豐全集》載，張三豐約生於公元 1247 年，遼東懿州人（屬今遼寧），為元季儒令，

因慕葛雅川之為人，遂絕仕途，入陝西終南山，學道於火龍真人。道成，攜徒入武當山，結庵修道傳藝九年。

又據《武當山志》載：昔真武曾修道於此，明永樂帝尊真武為玄帝，因稱此山為泰岳。張三豐隱居於此，尊為「通微顯化真人」，為技擊家內功之祖。《大岳太和山志》載其「研磨太極陰陽奧蘊，靜觀龜鶴之動態，探究其長壽之源，頓有所得」。《雲水集》中亦載張三豐軼事，云其「身背琴劍唱道歌」「歸隱岩上修道業，太極陰陽奧無邊」。

從許多歷史記載中可知，是張三豐把道家內功和民間武術熔為一爐而始創了武當武功。再以後經過許多名師的努力，使武當武功逐步發展而漸臻完善。

除張三豐外，明末清初的武當派名師黃百家也很有名，所傳有武當太極拳。清雍正乾隆年間江寧武俠甘鳳池師承諸家武功，擅長內外兩家。其內家拳有洛陽人閻聖道及道士馬雲程得其藝，至此武當內家拳傳播始廣。乾隆年間山右王宗岳亦善此道，經潛心研究撰成《王宗岳太極拳論》和《陰符槍譜》等書。

河南汜水人萇乃周得閻聖道之武功，改為「萇氏武技拳」（見《萇氏武技書》）。馬雲程所傳弟子有宋一銘、畢澄俠、郭濟元等人，畢、郭二人後世稱之為「二仙」，至今武當山仍流傳著他們的一些故事。畢在安徽九華山，郭在武當山，據說二人傳徒董海川。董海川的「八卦掌」藝精蓋世，傳有「八卦八翻掌」，即今之「武當太極拳」。

另有武當山道士徐本善，後來成為武當山道總，他擅長「九宮八卦掌」，傳有「太和劍」（武當單劍）、「武當太極拳」「龍門十三槍」「玄武棍」等拳械。

宋一銘的弟子有宋唯一及陳世均等人。宋、陳均精「武當劍法」，傳徒有張襄五、李景林、郭岐鳳、周漢民。李、郭、周三人精「武當劍法」，武術界稱之為「武當三俠」。李景林少習儒，壯從戎，後出任南京中央國術館副館長及山東國術館館長等職。

　　1930 年日本劍道來華訪問，拜訪了李景林，並曾與周漢民比劍，武當劍法從此名聲大噪。1936 年柏林奧運會上，我國武術代表團在會上表演「武當劍」贏得國際體壇贊賞，自此「武當劍」名揚海內外。

　　張襄五隱居西安，其武當劍法僅傳楊榮藉一人。楊不僅精通武當劍法，而且對武當太極拳等術亦很精通，楊榮藉秉承師尚，長隱鬧市，能窺其術者屈指可數。

　　武當三俠門下桃李滿園，知名者有鄭懷賢、陳攖寧、褚桂亭、黃元秀、楊奎山、李天驥、李英昂、葉大密、王希奎、蔣浩泉、蔣玉坤、裴錫榮等。1938 年黃元秀撰寫了《武當劍法大要》，1944 年又撰寫了《武當劍法筆記》，從此武當劍法傳播日益廣泛。

　　此外，武當山龍門派道人李合林傳有《武當太乙五行拳》，金子弢先生繼承了此拳。1928 年南京中央國術館成立後，曾設置「武當門」、「少林門」，對武當拳法的傳授和發展起了一定的積極作用。

　　武當拳的傳播，先是由武當山傳到陝西，然後再傳至浙江的溫州、寧波一帶，整個傳播路線是由北而南，因此所傳歌訣中有不少帶有北方方言口音。

　　在第二次國內革命戰爭時期，武當武術界曾對革命作出了貢獻。

1931 年 5 月，賀龍率紅三軍進駐武當山，武當山道總徐本善親率紫霄宮在廟道人五十餘名迎至東天門外。並親自部署安排，將紫霄宮西宮院闢為紅三軍後方醫院，父母殿之西偏房為紅三軍司令部辦公地點，還指派弟子數人暗中保衛賀龍和協助醫療，護理傷病員。

　　徐本善十分敬重賀龍，與賀龍結下了忘年之交。當時紅三軍的糧食、彈藥、醫藥供給比較困難，徐本善總是盡力設法予以解決，曾組織道人採草藥，以補後方醫院之不足；又曾帶領弟子連夜趕赴老河口，配合紅三軍截獲國民黨五十一軍子彈五十餘木箱。賀龍對此十分感激，臨別時贈對聯一幅，嵌入「偉樵紫霄」四字，以表頌贊之情：偉人東來氣盡紫　樵歌西去雲騰霄。

　　武當武術有其自身的特點和豐富的內容。張三豐在研究太極、陰陽、八卦原理的基礎上，創立了武當拳。細察其拳理，皆與太極、陰陽、五行、八卦、九宮密切關聯。運行變化，相生相剋，既對立又統一。張三豐將道家練功上的煉精化氣、煉氣化神、煉神還虛之術融於拳理之中。

　　「丹田」是道家首先提出來的。《黃庭經》云：「所有黃庭，下有關無，前有幽闕，後有命門，噓吸廬外，出入丹田，審能行之可長存。」所謂「三關之間精氣深，子欲不死修崑崙」意即指此。武當拳法的剛柔相濟，以身領手，以意領氣，以氣運身，正是其菁華所在。

　　武當拳術孕育了武當功法，武當功法使武當拳術光彩倍增，在長期的武術發展過程中，拳術和功法就像孿生兄弟一樣相輔相成，相映相輝。歷盡眾多內家拳師之心血，武當秘功終於和拳術一樣嶄露頭角，拳獻於武壇，流傳於世間。

三、武當道總徐本善

　　武當道總徐本善，號偉樵，河南省杞縣人。生於清咸豐十年（1860）。少年時曾陪從父親朝拜武當山真武帝，謁遇真宮。對於武當的道術、煉丹、武術有著深刻的印象。尤對傳說中的武當祖師張三豐之仙風道骨、品格脫俗、道德崇高、靈化元妙極為敬仰和推崇，從小就深深地埋下了棄世出家的種子。年及弱冠那年孟春，他隻身出遊，經南陽等地入武當山，決意入道，遂拜武當龍門派王復邈、劉復空為師，賜號為武當山乾乙真人。

　　徐本善入道後隨師誦經，聞過不忘，記憶力極強，被師兄弟們視為奇才。他身材不很高，體態略為孱瘦，但他為人剛正不阿、性情忠厚，極為義氣。由於他具有這些優秀品質，加之其博聞強識、謙虛好學，深得眾師的寵愛。

　　徐本善出家數年後，澄心定志，抱元守一，存想專精，修煉堅定，濟貧扶困，與物無私，頗得道家真諦。眾師們經過長期考察，開始傳授其武當功法。其中明了真人特別偏愛徐，把徐納為自己的關門弟子，授之以武當內功及武當拳械等。由於武當一派在授技藝時極為嚴密，數年間竟無人知其身懷絕技。

　　明了真人為將徐本善培養為一代道總，對其要求甚嚴，嚴令徐本善一生不得與宴，不准親近女色。並告誡弟子曰：「武術者，擊技之術也；武術者，苦術也。」明了真人讓其先練志、練膽、練性、練眼。終年聞雞即起修道練功，黑夜裡以燃香計時，令徐夜行山路，並限時往復；有時親領其貪

夜入深山老林，他卻出其不意，悄然匿跡，任弟子在荒山野林的無人之境中聽任虎嘯狼嗥；在道觀，則令徐本善苦練獨木椿、九宮椿等功法；在山崖前，嚴格訓練其飛檐功、內丹功、外丹功；於密室中懸沙包，標明碼號，發令擊打不得有誤，使其沙包功夫大增；在曠野令其雙臂套入數十枚鐵環，用甩臂等方法擊打目標。使其鐵環功成為一絕。

徐本善從師學藝十數載，習得上乘武功，但他從不輕易外露，更不仗技凌弱。

清光緒己丑年（1889）徐本善領命為監工，興修武當升神道。

武當山原有古神道，因年久失修，香客人眾攀登艱難，常有落崖喪生致殘事件發生，徐本善身為監工，與民工和衷共濟，每遇險重活，他身先士卒，勁不少使，汗不少出，深得民工們的愛戴。襄陽府道尹熊斌對其十分賞識，新路竣工後，徐本善被襄陽道尹親命為武當山全山道總。

從此，他更是奮發砥礪，志存高遠，他要求全山道人為修繕武當道觀而克勤克儉，並嚴格恪守道之清規，按榜律戒條辦事，求賢若渴，任人唯賢。他自己以身作則，賞罰分明，使武當山道風為之一新。

他每日起床最早，睡得最晚，自知任重道遠，沒有健壯的體魄，宏圖大志就難以施展，故每日練功，從不間斷，即使行路也是左手抱日月，右手甩乾坤，舉止和緩，呼吸自然，以求內功之純精。人們常道他行蹤古怪，殊不知他乃功底精深、含而不露的高人。

清宣統己酉年（1909）初，到武當山朝山的香客每日數以萬計。徐道總為了將紫霄宮「十方丈」擴建，與「紫霄大

殿」兩廊偏房連成環廊大院，而在「十方丈」後備齊大批木料。一天，均州器川香客會眾二百餘人，無故在「十方丈」的後院內滋事。其會首帶頭，自恃手下六十餘眾精通拳腳，出言污穢，蠻橫無理。先由紫霄宮知客道人出面化解，繼之監院又來勸說，哪知歪風不息，邪氣反而上升。

徐道總見狀，即親自與會首交涉。鬧事者不願言和，欲以武力相見。徐道總規勸再三，無賴們還是胡攪蠻纏，惹得道總怒髮衝冠，說聲「好！」跳出圈外，大喝一聲：「誰敢上來！」接著便在宮中將那五米長的梁木舞了起來，如戲耍撥火棍一樣輕靈。

那鬧事的六十多人哪見過這情景，早已被懾服，個個吐舌縮頸，撲通跪倒在地，懇請道總息怒。自此，武當道眾及附近百姓才知曉徐本善武功絕倫。

隨著國事日非，徐本善深慮武當被亂匪騷擾而無人護衛，有意挑選一批忠厚的道人授之以各種武功，組成一支守護武當聖地的勁旅，由於各種原因，這一願望久久沒有得到實現。但徐道總並不甘心武當絕技的失傳，精心地教授了李合起、冷合斌、梁合奇、水合一、李合林等幾個得意弟子，其中尤以李合起為最。老道總帶弟子習拳練功，偶爾也被一般人所見，但所見的僅是練的拳套，只見他們練拳輕飄圓活，無聲無響。而在練起武當秘功時卻是相當嚴密的。若偶碰見未准許習拳的道徒來觀看，他即嚴加制止，連留步觀看也是不允許的。由此可見，武當秘功的傳授由於單傳和道規的清嚴，一般鮮為人知。

後來形意門大師傅劍秋遨遊天下，專訪武當，與徐道總一席深談，兩人相見恨晚結為摯友，並連日交流拳功心得，

切磋武藝，自此，武當秘功才由傅劍秋輾轉傳向外界。

徐本善德高望重，對待一般浪浮弟子，總是規勸其改邪歸正，教育再三而不思悔改者，被老道總碰見，或被如提小雞似地袖於他道衣之中，以示警誡；或用於輕捺其頭，被捺者頭痛數日方可痊癒；或用手輕握其腕，被握者酸痛也需半日方止。所以一般浪浮弟子對徐本善十分敬畏。

徐本善再逢有事外出或巡山，常暗攜九節鋼鞭。如巡道觀，則只暗藏一根二尺許的連環棒。此棒為套疊式，遇有突然情況，可以由短變長。平日裡，他雙臂套有十個連環，既可護臂練功，又可於萬不得已時作暗器發出。

徐本善不但嫉惡如仇，對他人的疾苦更是盡力排解。而對無理取鬧蠻橫者，無論其地位如何，勢力多大，他決不會有絲毫通融。所以他不但有「徐大俠」、「徐武俠」、「徐教師」、「徐道總」等美稱，還有「徐犟子」的綽號。

當賀龍和其結下忘年之交時，願稱徐道總為師。徐本善堅辭不能為師，只表示可在賀將軍面前露醜，一起練練拳腳，以備防身之用。徐道總還讓其弟子李合起、冷合斌、水合一等人與賀龍一起演練。紅軍郭凡政委甚至更改了姓名以表示自己已是徐道總的弟子。

徐本善後來慘遭匪徒殺害，時年七十有二。武當山道眾將道總遺體隆重安葬於紫霄宮東門外。

第三章　練功總要

　　少林七十二藝和武當秘功是少林、武當功法的精華，是千百年來的技擊實踐積累下來的寶貴遺產。每項武功都有一定的用途，也都有一套完整的練習方法。練好少林、武當功法，必須注意下列幾個問題。

一、要有目的地選擇所練的武功

　　少林、武當功法類別多，內容豐富，有志於練功者可根據自己的身體條件，選練一種或兩種，切不可貪多。想學鐵砂掌又想學金鐘罩，再看看輕功又很新鮮也想練，一功練了幾天又練另一功，朝三暮四，時間一晃而過，而功夫卻一項也沒有練成。

　　一般說來硬功的練習，應根據個人的特點而選學。身材高大者可選擇力量大一些的功夫，正在學習武術者，可根據本派拳術的特點選一些拳腳上的功夫練習。

　　而少林、武當的內功，一般人都可練習，作為養身之術，對人體是有好處的。

　　據說，即使是少林武藝高強者，在七十二藝（功）中最多也只精修十二項，再無多者。而這十二項中輕功就佔去了好幾項，因為輕功的練習是一個階段，是可以銜接的。每一項功法想練就都要下一定的工夫，起碼要三四年的時間。所

以練者必須先選一兩項練習，以免勞而無功。

此外，還有一點應注意，輕功只適宜於年輕人練習，而且要有老師的指導。

二、練功要下苦功

當一項具體的武功選定後，首先要了解練功的幾個階段及每個階段怎樣練法，以便於在實踐中掌握。功夫成於苦練，天下沒有練不成的功夫，也沒有不下苦功就可以輕鬆練成的功夫。練功之初，有的會感到得心應手，輕鬆尋常，於是急劇加碼，大幅度增加運動量；有的則感到精疲力竭，興趣日減，因此灰心喪氣，中途而輟。

這兩種情況是初練者很可能遇到的，都是妨礙成功的大敵。第一種情況一般是初練時未按體力而定，所練之法雖按書本所述，但運動量卻實際小於自己體力所應該能付出的量。平日精力充沛者，初習的起點可比別人高些，但不可急劇加碼，以免體力不濟而喪失信心。

第二種情況是因為不顧實力貪圖進展所致，對於這種情況，其一可以適當減小運動量，練法上以輕鬆活躍為主，使思想放鬆。其二是注意方法上的調整，使情緒和身體始終保持良好的競技狀態。

在大運動量的訓練中，由於人的體力的限制，水平可能會在一定的時間內停滯不前，但一旦突破這個界限，水平就會有迅速而顯著的提高。

練功之苦是客觀存在的，但只要合理安排自己的訓練計劃，就能激發自己的興趣，感到苦中有樂。再者，也是最關

鍵的一點，要有恆心，堅持不懈者定會成功。所謂「有志者
事竟成」就是這個道理。

三、練功要有恆心

上面提到恆心問題，實際上保持恆心比吃苦耐勞更難做
到。少林武打武功的練習是一個長期、單調而痛苦的過程，
沒有持之以恆的決心以及堅定的意志和頑強的毅力是不可能
練成的。如果三天打魚兩天曬網，只能損害身體而不能長功
夫。意志和毅力是逐步培養的，當然這也和有無正確的練功
目的有很大的關係。如果把練功僅僅當作好玩的遊戲，那麼
肯定是練不成的。

四、要注重武德

講究武德乃是習武之人的第一要著，切不可恃力欺人，
動輒拳腳相向。雖然有時是開玩笑，但因有功夫在身，對方
於無意中已被擊傷。

須知練武的目的是防身自衛、強身健體、匡扶正義。古
往今來，凡武藝高強者都是很注重武德的。

少林寺覺遠禪師所定的十條少林戒約中第二條規定：
「宜深體佛門悲憫之懷、從於技擊精嫻，只可備以自衛，切
戒逞血氣之私，有好勇鬥狠之舉。犯者與違反清規者問
罪。」古之武師收徒，凡性情暴躁者一律拒之門外。

因此，練功之人須先做到禮貌待人，豁達大度，遇事能
讓則讓，不必斤斤計較，以免因小失大。

五、練功要注意五戒七傷

五戒七傷是古時的練武者健身的信條，這幾條對現在來說仍有一定的意義，現錄出供習練者參考。

五戒為：戒荒情、戒驕矜、戒躁急、戒賭、戒酒色。

七傷為：近色傷情、暴怒傷氣、思慮傷神、善憂傷心、濫飲傷血、懶惰傷筋、躁急傷骨。

六、練功要有老師指導

練功最好有老師指導，如一時無師可求，則可選較容易的功夫練習，並循序漸進，不能急於求成。在研讀書本後，還要經常與同道共同切磋，開闊眼界，力求不但知其然而且知其所以然。這樣練功時才能做到心領神會。

七、練功要備藥防傷

武諺云：「未學功夫先學跌打。」在練功過程中難免不慎傷損，如有內服外敷傷藥為備，則能應時而用。再者，有些功夫要以藥力輔助，如準備充足，練功便穩妥了。

練功之具體方法各有不同，但所遵循的原則、要點如上所述，是相同的。

第四章　功法訓練

一、硬功的練法

　　硬功主練筋、骨、皮，包括進攻和防禦兩種。少林硬功以練用於進攻的功夫為主。人體可用於進攻的部位很多，如頭、肩、肘、拳、膝、腳等。

　　單從手上來說，就有許多部位，其中最常見的是拳掌，還有手指。

　　單就練手指的功夫就很多，如練指尖的仙人掌；練骨節的如彈指功；練指面的如拈花功等。練用於防禦功夫的部位主要是胸、腹、背等處。原因是這三處面積較大，而又容易暴露在外，在防守中稍有疏忽就會受擊。

　　硬功功法特點是每項都有相對的獨立用法和練法。一般來說，可以選擇兩項進攻性和防禦性的硬功一起練，效果與效用將會更佳。

　　硬功中有許多部位都是經過打擊練成的，這樣能使筋骨強健，皮肉堅實。在練習時，首先受力的是皮膚，因此，在練功時最好先搓擦受力部位，務使皮膚發紅後，再按書中所述的方法習練。以血肉之軀承受重力打擊或撞擊堅硬的物體，必有一個適應的過程，因此不可貪多圖快，訓練量應逐漸增加，否則就會造成損傷。

不過無論如何皮膚與肌肉遲早會破裂，這時要注意應當適當減小運動量與打擊力，並防止傷口感染，待結痂復原之後方可逐漸恢復到原來達到的運動量。

　　每一次復原，皮膚與肌肉的承受力就會相應地增大。有條件的話可按藥方自配洗手藥液，每次練功前後洗一次，能促進血液流通，散淤消腫，恢復機體機能。

　　對於硬功中的一些拳、指功夫，宜以左手練習。因為一般人習慣於右手，因此，兩人交手時往往對右手防範甚嚴，而對左手就相對有些疏忽，因此，如以左手重擊對方，往往能有出其不意攻其不備的效果，加上平時所練功夫，能在猝然間擊敗對方。因此，練左手有「殺手鐧」的作用。

　　此外，在日常生活中常用右手，如用右手練功，練到一定程度，稍不留意就會毀物傷人。故用左手練習，在搏擊中能成為克敵制勝的絕招，在平時又可避免誤傷。

　　硬功的作用關鍵在一個「打」字，練成一項硬功後，還有一個怎樣打到對方而又能防對方，不使自己同時受擊的問題。這也需要基本的功夫，這方面的基本功也很多，但主要的是眼力、耳力。

　　眼睛是人體觀察外界事物的器官。在武術技擊中，眼力很重要，眼快才能手快，眼到才能手到。故歷來武林高手都注意眼力的鍛鍊。練眼力主要靠目視眼前靜物或動物，快速數其有多少的數數方法。先數靜物，後數動物，而且都要先大後小。

　　開始可以在曠野中向遠處看，仔細分辨遠處的一切，待能十分清晰地辨認後，可以數屋上之瓦數來練習。待能一目了然後，可以在院中撒上亂石子，數地上石子之數。此法練

熟後，桌上撒把豆子來數其數，還可數地上雞群，河上鴨群或空中飛行的雁群。待這些動物也可一次了然於目後，眼力基本上算是練成了。

有如此的眼力功夫，交手時就可以十分迅速地觀察到對方的每一個細微的動作或表情，也可分清對方襲來的棍棒之緩急，在攻防中有效地控制對方。

耳力在攻防中也是非常重要的。拳諺云：「眼觀六路，耳聽八方。」耳朵能顧及眼睛看不到的地方。練耳力方法：用細線穿舊銅錢懸於樑上，高與目齊，練者可站在懸掛的銅錢之側，用於推動銅錢使之來回晃動，注意聽銅錢所發出的嗡嗡聲。久而久之，後面稍有動靜即能馬上察覺。拳、掌、暗器及刀、槍、劍、棍無不挾風，聞其聲即可判斷情況。因此耳力在實戰中甚為重要。

眼力和耳力練成之後，還要訓練自己攻擊的命中率，即俗語所謂的準頭。一般會拳術者「門戶」防護得相當嚴，即使有破綻也不過在瞬間顯現。光憑手快，擊不準也是枉然。

此攻擊的命中率的練習更為簡單：球網內裝一個球、用線懸於梁上，高與胸或肩平，然後晃動球體，人立於球前，用拳、掌、指擊打晃動不定的球。

練至無論球在前、後、左、右，只要出手必中時，可在球內包裹重物，再依上法練習。有了高深的眼、手、耳功夫，三者配合起來，才可能做到攻人如入無人之境，防人則針插不進、水潑不進。

硬功中除了排打功、鐵布衫、金鐘罩、鐵牛功、布袋功以外，一般都可以自修。但是必須弄通道理，循序漸進。對於那些比較高級的功夫則非有老師指導不可，否則會有害身

體。萬不可不顧安全而瞎練。此點請學者注意。

二、輕功的練法

輕功比較難練，輕功的練習條件要求很高，而且，如果方法不對會有害身體，故輕功練成者極少。練輕功的年齡一般在十歲左右開始為最佳，因為這個時期，人的筋骨正在發育，尚未定型，可塑性較大。

輕功和硬功不同，它的每種功夫間都有密切聯繫，由低級向高級發展，在不同的階段都有相應的武功。當練到最高階段時，輕功的全部功夫也已具備了。輕功的基礎是輕身術，據說，最高階段可達飛檐走壁的程度。它的每一個階段練習都要花幾年的時間，可想而知，要想練成全部輕功，所需的時間當然也更長。

輕功的練習危險性大。在練一些基本功時，危險性還不太突出，但練穿簾功、壁虎遊牆、飛檐走壁就容易出事故。稍不留意就會造成傷殘，因此務必慎重。

練輕功十分艱苦。過去有輕功的人一般不願在大眾面前顯身手，即被人知也是對其練法諱莫如深，不肯輕易傳人。

而練者常知難而退，不願冒風險，因此，現在會輕功的人很少。但是，只要有人指導，輕功也許不是神化，也有可能練成。

輕功的練習首先要練腳掌的功夫。在練習中腳跟不能著地，只能以前腳掌著地，這也是練輕功的基本要求，目的是練習小腿的肌肉。常見的鍛鍊方法是，以腳前掌支撐立於兩塊磚頭之上，兩腳跟須凌空。以腳前掌用力向上縱起，落下

時以腳趾著磚面，然後再以腳前掌用力跳起，以腳趾觸磚落下，如此循環練習，也可以在做上述練習時身負重物。

　　腳掌功夫練成後，才可練行走功。先跑平地，再跑山路。每天晨夕兩次，不可懈怠，每次行走十公里。最後練跑崎嶇的山徑，行走的速度越走越快。之後要練步子的輕盈穩固，可用跑樁與跑磚法練習。

　　所謂跑樁是空地上跑樁，空地上每隔一步豎一木樁，共一百根。樁高三尺、粗五寸。練者從一頭跑向另一頭，然後折身回跑。行走的速度要越來越快，並逐步將樁端削尖，直到樁端徑粗兩寸為止。此後可自行練習梅花樁和跑磚（梅花樁已有專文介紹）。

　　跑磚是將標準青磚豎起橫放，按一步一塊的距離排列二百塊。練者從一端跑向另一端，要求腳踏青磚而磚不倒。如此不懈練習，直到在磚上行走而磚仍紋絲不動，即可將磚豎直立放而練，練至如履平地而磚不晃動時為止。此時，腳上已經有了相當的功夫了。在練行走術的過程中，身上都綁有特製的鉛板，分量由輕而重。

　　行走功練成後，可練跳躍功，此種跳法是垂手直膝而跳，落地時以腳前掌著地。練此功時可以在膝關節後綁一木板，不讓膝蓋彎曲。當練到直膝能上跳一尺時，便可練超距功了。練者在地上自行挖一尺半深坑，再直膝併足上跳，以後再跳再挖，直至坑深一丈為止。在練時身上也須帶特製的鉛板，再跳一段時間坑加深一次，鉛增加幾兩。當能直膝跳出丈把深的坑時，腳腿的彈力已極大了，一旦棄去鉛板，就能行走如飛。

　　彈跳功練成後，便由練腿改為練全身功夫。此時仍在原

來的坑中練習，只是要在坑沿上遍撒黃豆，要求雙足跳上時，腳尖落地而身不搖晃，因此落地時要極輕。此時可棄身上所負之鉛板（約三公斤重）而改穿鐵珠衣。

所謂鐵珠衣是用粗布製成的特殊背心，背心上有隆起布條，裡面可塞鐵珠或鐵砂。初時背心重十公斤，以後漸增至二十公斤。身穿鐵珠衣後可練屈膝上跳。待足落黃豆上身不搖晃，而黃豆也不濺起時，可掃去黃豆，換撒上鬆軟的黃沙。要求落地時黃沙上的腳印越淺越好。

此後，可練輕身功，即走七石大缸和栲栳。如此練成後據說可踏雪無痕，有輕身飛行之能。如有此功，可在此基礎上，即可著手練更上乘的輕功。

練輕功的一個重要特點是身上要帶特製的鉛。因為人體如果一直在超過自身體重的情況下鍛鍊，一旦棄去額外重負，恢復自身體重，自然身輕如燕。練功者身上帶鉛後，不可輕易將鉛取下，無論是練功時或日常生活都要帶著，這樣才能使身體各部份逐漸適應。

鉛是有毒之物，易傷人血，因此可將所帶之鉛預先處理。古老的處理方法是將鉛燒紅，浸入豬血（或豆腐）之中，三天後取出再燒再浸。如此七燒七浸之後，埋於土中四十九天，即可取出使用。

三、內功的練法

內功或稱之為內養功。所謂內養是自身保養之意。內功以凝神固念而排除雜念，使外魔不侵，內魔遠引。內功有祛病強身、延年益壽之效。內功分為靜功、動功和氣功。最高

的是武當功。靜功主要是坐禪；動功有四段功、按摩功和站椿功等；氣功則有許多方法。

老子曾說：「人神好清而心擾之，人心好靜而慾牽之。若能遣其欲而心自靜，澄其心而神自清，自然六慾不生而三毒消滅。」此雖道家之言，而佛門也有其說。習武練功者，若能心靜神清，則好勇鬥狠之雜念皆除，從而能強身健體。**人體中精、神、氣三者相互關聯。精能生氣，氣能生神，營衛一身莫大於此。養身之道先寶其精，精滿則氣壯，氣壯則神旺，神旺則身健，身健則少病，少病則壽延。**

內功中的打禪坐是修身的好方法。禪，梵文「禪那」的略稱，意為坐禪或靜慮。佛教徒一般都坐禪，只是各派對坐禪的解釋各不相同。

自從鳩摩羅什譯出《禪法要解》等書後，人們進一步加深了對坐禪的認識，禪學也成為一門學問。佛門各派都很重視研究禪坐，梁朝高僧智凱是佛教天宗中的創始人，他的「修習止觀坐禪祛病法」與道教相同。他在《修習止觀坐禪法要雜說》中指出：「臍下一名憂陀那，此為丹田。為能止心守止不散，經久即多有所止。」

禪坐的方法是，兩腿盤膝而坐，兩腳交叉擱於小腿之側。兩手放鬆自然下垂，左手置右手掌上。兩手貼於小腹前並放置於小腿上。練者應解帶寬衣，正身而坐，鼻臍相對，頭頸放鬆不低不昂。雙目微閉，舌抵上腭，調心數息，緩呼緩吸，意守丹田。禪坐還要求全身放鬆，集中精神，排除雜念。要無思無慮，使大腦得到充分的休息。還要調整呼吸，使內氣隨著人的意識引導而貫通到全身的各個部位。

動功最易學的是四段功。四段功同八段錦一樣，是舒筋

活血的好形式，其長期習練不輟能祛病健身。四段功之法可見後面詳文。

按摩法也是一種極佳的內養手段。它主要是對於頭部的按摩，因為頭部集中了全身的經絡血脈，具體方法是：

每日晨起，在空氣流通處席地而坐。兩手先行互相摩擦直至發熱。然後以兩掌遮著兩耳，並且各以第二指疊於中指之上，向耳根骨處（風池穴上）彈響（鳴天鼓）三十六次。然後以兩手撫頸左右反顧，再抱頸仰視。此法可去肩痛目眩之病。扭勁三十次後，張開手掌，手指微屈，以指端由額部經百會穴向後按摩至髮際，也要三十次。此後，再以兩掌按摩面部各處，也以三十次為度。之後，以兩手拇指和食指各按耳輪上下按摩三十次。再向左右平伸兩掌，掌心向上，兩臂由左右向前相合，如此三十次，可聰目。然後以大拇指背摩鼻三十次，再以拇指關節突處擦三十次。此時雙目應輕輕閉住。擦畢，二目仍閉而左右上下轉眼球各七次。忽張大眼睛，以拇指背關節突處按二眉旁攢竹穴三十次。

內功中的氣功種類很多，一般都要在老師指導下進行練習，以免練傷身體。最簡單的是六字治臟法。所謂六字是呵、噓、呼、呬、吹、嘻。《修習止觀坐禪法要雜說》中指出：「用六種氣治病者，即是止觀能治病。何為六種氣？

一吹；二呼；三嘻；四呵；五噓；六呬。頌曰：心配展呵腎乃吹，脾呼肺呬聖皆知，肝臟熱來噓可至，三焦垂處但言嘻。」此法練習時宜在每日清晨靜坐，要求叩齒咽津。口念六字，唯宜輕聲，做到耳不聞聲，又須一氣直下。其效甚為顯著。

有歌贊六字祛病法：嘻屬肝兮外主目，並翳昏蒙淚如

哭，只因肝火上來攻，噓而治之效最速。呵屬心兮外主舌，口中乾苦心煩熱，量疾深淺以呵之，喉結口瘡並消滅。呬屬肺合外皮毛，傷同咳嗽疾如膠，鼻中流涕兼寒熱，以呬治之醫不勞。吹屬腎兮外主耳，腰膝酸痛陽道萎，微微吐氣以吹之，不用求方需藥理。呼屬脾兮主中土，胸膛腹脹氣如鼓，四肢滯悶腸瀉多，呼而救之復如故。嘻屬三焦治壅塞，三焦通暢除積熱，但須七字以嘻字，此效常行容易得。

六字治病法人人可練之，不管掌握如何對身體都無妨礙，是一種簡單易學的氣功。

練內功宜在晨昏二時，尤以清晨為佳。練時要在空氣流通處，精神要集中，精神要愉快，排除一切憂慮和煩惱的心情。練習時須從容自然，不要強迫用力。如習練過程中突遇外界驚嚇，要自然鬆動，不可畏懼，一般可放鬆後接著練功。如受了驚嚇，可停功數天，待精神恢復後方可進行。練內功要有恆心和耐心，不可急於求成。只要方法正確，堅持不輟，自然會收到明顯效果。上面介紹的輕功、內功是古代傳下的，可作為參考之用。

第二篇
少林七十二藝絕技

妙興大法師／傳

裴錫榮　吳忠賢／整理

一、一指金剛法

一指金剛法是專練單指擊物的硬氣功。此功與點石功大同小異，只是後者是練二指之力。此功又與一指禪有相仿之處，一指禪為運氣擊物，一指金剛法全憑指力點擊。故一指金剛法是硬氣功，只有在鋼板上點擊，方可成功。

一指金剛法的練法：每日閒時，以指擊樹、擊牆或其他堅硬之物。但擊時也要用丹田之氣，練者一般應出左手食指點之。力由輕而重，因為指端皮膚柔軟而又有指甲，操之過急容易自傷。

每日練功前後可用藥水洗泡手各一次，一劑藥可連續應用，不可間斷。洗泡手時，可先將藥水盛於陶器內，置於爐上，加微火煎熱，水微溫時將手先蒸後浸

一指金剛法

入，待感到燙手時取出。如此日日練習不懈，再借藥水洗手長功之力，先由軟變硬，後又由硬變軟。三年之久指力已非常人可比，以一指觸物必留顯著痕跡。擊木可以穿洞，點石可使之破碎。

一指金剛法練指洗薰手的秘方：

川烏	一錢	透骨草	一兩
草烏	一錢	藜蘆	一兩
南星	一錢	龍骨	一兩
蛇床子	一錢	地骨皮	一兩
半夏	一錢	紫花地丁	一兩
百部	一錢	青鹽	一兩
花椒	一兩	劉寄奴	二兩
狼毒	一兩		

以上幾味藥用米醋五碗、水五碗煎至七碗而用。

二、 雙鎖功

雙鎖功是練兩臂、兩腕、兩拳及手指互擊的功夫。待練至堅硬之時，雙臂可擊斷棍棒。

雙鎖功

雙鎖功的練法十分簡單，練者不需任何器械隨時可以練習。首先以兩前臂互相撞擊（二人互撞更好）。先以一臂內側擊另一臂外側，然後再交換成以另一臂內側擊一臂外側。

起初時兩臂酸疼，待逐漸加大撞擊力時則疼痛難忍。此時切勿中斷，仍須日日練習不輟。久而久之，兩臂疼痛漸消，而且肌肉堅實。如此直練至兩臂相擊如金玉相交發出聲響為止。此為第一步功夫。

第二步，練習兩腕相擊，兩拳相擊，兩掌相擊，直至兩指相擊和

一指獨伸而擊，其法如上，待練至相擊時鏗然有聲乃止。至此，第二步功夫也成功了。雖然這時臂、腕、拳、掌、指的力量已經相當大，但還只有雙鎖氣功的一半功夫。

第三步，以兩臂輪流碰擊自己的大腿處，兩腕、兩拳、兩掌、兩指、獨指也要經過此練習。方可使肌肉與皮膚由硬變軟，這才算雙鎖氣功的真正完成。因為練者肌肉和皮膚與常人的無異，因此一般人是看不出什麼的。

雙鎖氣功練成之後，其臂、腕、拳、掌、指之力能剛柔相濟，在技擊爭鬥中如先發制人，以其掌、拳、指擊人，定操勝券。如敵方以棍棒來襲擊，只須兩臂相擊，敵械不斷則落。以如此兩臂格擊對方手臂，則必折之無疑。可見雙鎖功實為攻防妙著。雙鎖功一般要花三五年工夫方能成功。在練習時為預防受傷，也需用藥水消毒活血。

其秘方如下：

川烏	一錢	草烏	二錢
沒藥	二錢	靈仙	二錢
紅花	二錢	神曲	二錢
秦艽	二錢	生薑	二錢
牛膝	二錢	地荔子	一錢
紫石英	二錢	當歸	二錢
乳香	二錢	木瓜	二錢
虎骨	二錢	赤芍	二錢
延胡索	二錢	落得打	一錢

以上十八味藥煎水薰洗兩臂、兩手，擦洗兩腿。惟練後要先按摩再洗，洗後忌風。

三、 足射功

足射功是一種硬氣功，專練以腳擊石射物。練法：初練時，可在清晨、黃昏野外或空曠之地，放些小石頭，起腳踢之，踢時要用足趾下方之力。此時不可踢磚塊和大石頭，以免用力過猛而傷腳趾。日日習之，積久則腳趾之力大增，石頭射出的距離也越來越遠，這時就可有目的地練踢較大的石塊。待一腳能將幾十斤重的重物踢出時，第一步功就成了。

第二步功，將鞋襪脫去練習，也是先從小而輕的石頭子練起，逐漸過渡到踢大石塊。由於是以腳趾直接觸物，除要循序漸進之外，預防踢傷足趾。練者須用專門藥水洗腳，否則腳趾會成傷疾。一腳能將斗大石頭踢出，則算完

足射功

成了第二步功。

第三步功，選中目標，以足踢石射之。這一步練習比較難。初以足擊石往往難以擊中目標，習而久之，命中率逐漸提高。初練時以石塊為宜，其重量適中容易掌握，而後練大石塊，最後練小樹枝。因為細小之物難以用力，也難以擊中目標，因此將練踢樹枝作為最高階段。

待練到射擊固定目標百發百中時，即可練習擊活動的物體，如地上奔兔、天上飛鳥。直到練至足射活動之物能十中其九，足射功才算真正練成。

足射功練成之後，雙足如雙手一樣靈活，以石擊物百發百中。如以足射石擊鳥，鳥即不防，而射必中的，故難有不傷者。此功須至少四、五年才能練成。每日功後應以藥水洗足。

其秘方為：

川烏	一兩	半夏	一兩
草烏	一兩	藜蘆	一兩
百部	一兩	龍骨	一兩
透骨草	一兩	紫花地丁	一兩
海牙	一兩	蛇床子	一兩
硫磺塊	二兩	狼毒	一兩
青鹽	四兩	地骨皮	一兩

以上幾味用醋五碗，水五碗，煎至七碗。每日功後燙洗之，用 10 日後另煎。

四、拔釘功

拔釘功是練手指抓力的硬氣功，是擒拿點穴的基本手法之一。

拔釘功

拔釘功練法簡單。先備棗木厚板一塊，再以三寸（約十公分）長釘釘入板中。共釘長釘一百零八枚，入板二寸外留一寸。

練者以一手食、中、拇三指抓著鐵釘頭用力外拔（先用布包上鐵釘頭）。開始釘子絲毫不動。每日練功兩次，左右手交替進行，力疲為止。當練至以手抓釘上拔，釘子應手而起時，第一步功夫即成。

第二步，將拔出的一百零八根釘子按原孔釘入，外面僅留釘頭，再以三指提拔，而後可將釘子避開原孔，重新

釘入，僅留釘頭在外，依上法反覆練習，當練到釘子應指而起時，可進入第三步的練習：

　　將三寸長釘另行釘入棗木板中，僅留釘頭在外，然後將水噴在板上，在室外放置七天。此時釘子生鏽，更加牢固地固止也能一個個拔出。練至此種地步後，可接練陰柔之力，即每日晨昏，可凌空而抓，意如拔釘，用力於三指指端。如此則能達到剛柔相濟，陰陽互補，比純粹陽剛之力更有功夫。練成此功大概需三年時間。

　　在練功時手指極易受傷，故每日可以青鹽、地骨皮煎水浸洗，可清毒去腫。

五、抱樹功

抱樹功又稱彌勒功，是專練兩臂合抱之力及胸腹之力的武功。抱樹功在練力量的同時兼練內力運氣之術。抱樹功與玉帶功相似。

抱樹功的練法非常簡單。練者每日清晨擇樹而練，供練功的樹有合抱粗細即可。練者立於樹前，兩臂環樹而抱，兩手合攏扣牢，然後運氣用力將樹緊緊抱著上提。初時力小，樹紋絲不動。每日練習不輟。一年後，樹隨手拔而晃，樹葉晃動。又一年，樹枝晃動，再一年，巨樹將隨手而起。

這樣練習三、四年，抱樹功可大成。

抱樹功練成之後，兩臂之力驚人，合抱之力不下數百斤。一般的樹能連根拔起，如其合臂舉人，再重也能舉至頭頂。內外功之深，非一般人可比也。

抱樹功

六、四段功

四段功是七十二藝軟硬功的基本功。四段氣功與八段錦相同，有舒筋活血、延年益壽之效。

（一段）托天提地理三焦

練者自然站立，兩腿伸直併攏，雙腳腳尖、腳跟也併攏，兩手自然伸直貼於褲縫，胸挺拔背。然後兩手五指互交叉置於下腹，兩臂伸直向前，掌心翻轉向外，再徐徐向上舉至頭頂，掌心向上翻，如托千斤之物。此時手須盡力上舉，目隨掌而轉。兩手上舉後，緩緩彎腰，直至頭頂向下，鼻尖碰到膝蓋。此時掌心向下，再使力於兩掌，用力向下按，能觸到地面最好。此時膝關節不可彎屈。此式完成後身體直起，兩手舉起高與胸齊，然後緩緩放在小腹上。

此段功用力於腰間、掌心，動作愈緩愈妙。

（二段）五癆七傷望後瞧

練者身體直立，目視前方，兩手自然下垂貼於褲縫。兩腳跟併攏，腳尖微微分開。然後頭先朝左旋轉，盡力用眼睛去看右腳跟，再緩緩復原轉向右，眼睛瞧左腳跟。

整個動作要緩慢，頭轉動時，身體要挺直，胸要正，肩不可斜。眼睛朝前視時緩緩吸氣，左右轉動中慢慢吐氣，轉一個方向呼吸一次。呼吸要慢，不可急呼或急吸。

（三段）推窗望月去心火

練者馬步站立，兩腳與肩同寬，下蹲的高度可因人而異。胸要挺，身不可前傾。兩拳緊緊置於腰際，拳心向上。目視前方。然後身體向右移動，左腳伸直成左仆步，同時左手變掌向左勾摟，右手變掌向右猛推，掌心朝右外。再變右仆步，右掌向右勾摟，左掌向左猛推，目視推掌。

（四段）招空打空發勁功

練者馬步而立，兩拳緊握置於腰腹間，拳心向上。先出右拳向前猛擊，拳高與肩平。向前猛擊拳的同時拳內旋，拳擊出後拳心向下，拳背朝前。然後變拳為掌，五指分開向後收抓，如在半空中抓物。抓時用力要猛，然後變拳收於腰際。右拳動作時，左手握拳置腰間不動。左拳按同樣方法旋轉擊出、變掌向後收抓，再變拳收於腰際。動作完全相同，惟方向相反。

四段功

四段功的練習動作宜緩。在練習中呼吸要慢，不可使氣屏住，以免傷身。用力時皆用柔力，不可用剛勁，日日練習可強壯體魄。動作可重複練習，每次練到氣通為止。

七、一指禪功

一指禪為練手指的武功。此功與朱砂掌有相似之處，運氣於指端，指不觸物便能擊物（發功）。

一指禪氣功的練法簡單，需日久天長，有「鐵杵磨成針」的決心才行。先在每日進出門道口懸掛一塊鐵板，高及人胸。練者每經過此道便出左手食指戳之。戳時全憑指力，而不是以臂力帶指。開始一指戳去不能動鐵板分毫，後逐步能使之搖晃擺動。

當練至一指能將鐵板擊出數尺時，食指剛力已不同尋常。此時應運氣於指端，每日再戳時不是單憑指力，而要借助內力。手指也由戳改為點。

所謂點就是手指輕輕觸鐵而擊之，在指尖剛碰到鐵板時猝然發力，力隨氣而達指端。

一指禪功

初時鐵板不動，而後隨指點擊而擺動，最後能一指點去，指未及鐵板而鐵板已被擊出。

此後可選一無風的靜室，靠牆置條几（長桌），上放九根蠟燭。每至夜深，練者點燃蠟燭，立於條几前二丈（約7公尺）開外，以指點燭，此時更強調運氣發功。人、燭相距甚遠，初時指點出之後燭焰不動。依法日日苦練，可見燭焰微微搖晃，如被微風所拂。練到一定程度便能一指點去，蠟燭應手而熄，如中箭一般。

這時可在燭外罩以紙罩，罩呈長方形，如燈籠罩。練者仍依上法日日習練，待一指能點熄燭火而紙罩不破時，可棄紙罩而代以玻璃罩。當練到燭光應指而滅但玻璃罩不碎時，一指禪功可謂大成了。

一指禪功用內力擊人，因此在練此功的同時須練內功。內功不能急於求成，能練至運氣自如時更非易事。故一指禪功若練成，日日不輟，最起碼要十年時間。此功比朱砂掌更高一籌，即可隔牆發功擊人或治病。

八、鐵頭功

鐵頭功是硬氣功的一種。它既要練內氣又要練外壯之力，是一種內外兼修的武功。

鐵頭功的練法有兩種，南北少林派的練法同源而異。

北少林的練法是：

練功者用棉布將軟鐵片包裹成條狀，纏在頭上，然後外面再包上幾層棉布。一般纏棉布或軟綿數十圈，軟鐵片三四圈。布棉務須包紮牢固，然後以頭前額部撞牆，早晚各一次。

初練時不應用力太猛，可量力而行。其一，因為初練頭骨未堅，用力過猛會傷骨傷腦；其二是用內氣發力，極易內傷，故初練時十分講究運氣。撞頭前須先貯氣於胸腹，舌頂上腭。撞時氣往上運，直抵百會穴。這樣便是有氣之力，氣相融則力無窮。如此提氣充腦，練到一定程度後功力必大增。初時不可用全力，久

鐵頭功

之則可全力撞之。如此練約一年後，若能每次行功撞牆百次，而且能發出似鐵錘擊牆時咚咚聲時，那麼第一步功夫就算練成了。第二步，將布棉、鐵片除去一半，仍依上法練習，直練至以頭撞牆聲如錘鐘，方可進行第三步練習。其法是除去所有的布棉、鐵片以頭撞牆，當一頭撞去磚裂牆倒時，便可換花崗石練習。若能一頭撞碎花崗石，鐵頭功方算大成。這樣大概需要兩三年時間。撞時可以前額也可以頭頂，但不可用後腦部，否則容易造成腦震盪。

南派少林的練法：

先在頭上紮上十幾層布棉，練者倒懸在木架上，頭離地數尺，雙手及背。頭前三尺處橫放一搗米的石臼，臼中盛滿白米。練者運足氣後，以腰腹之力推動身體向前蕩去，並以頭搗臼中的白米，每日兩次。直練到頭纏白布的頭能將白米搗成粉末，便可將布棉除去再練。練至頭觸石臼白米粉碎時，可將白米換成海沙練習。能搗碎海沙後可換成碎石，仍依上法練習，若一頭能將碎石搗成粉末時，則鐵頭功就算練成了。

練鐵頭氣功時，每日須練內功以輔之，以澄心靜氣而養內壯。南、北派少林鐵頭氣功練法各有所側重，南派更注重運氣，其練法若不用內功，身體便無法蕩動。北派少林的練法更強調實用，平日練功之法便是日後的打法。

我國武術各拳派都很重視以頭部來進攻，因其打擊力較拳、腳更大，而且多用於近身手腳不便使用之時，往往能出奇制勝，因此武林中練此者頗多，然而真正練成油錘貫頂、雙龍入海、頭碎石碑者卻不多見。

頭為諸陽之會，頭功練成後，可用頭發功治病及測病。

九、鐵布衫功

鐵布衫功專練全身骨骼肌肉的承受力，是一種防禦性的硬氣功。此功與排打內功相似，但練法更難。

開始練鐵布衫功，先以軟布帶纏繞胸背，平日應經常在布棉外面按摩身體，將肘臂屈伸使胸部做合張之勢。

夜晚睡覺要睡硬板床，以便使練功者身體直接與硬物接觸。初時胸部緊紮似乎難以忍受，加上與硬物經常接觸、摩擦，疼痛異常，久而久之，痛感漸消，證明骨骼已比較堅實了。半年後可練摔打功夫。練者在沙坑前置放一單槓。先在單槓上做旋轉動作，然後順勢朝沙坑撲下，使身體各部份直接摔在沙上。

如此每天早晚兩次，每次練習必須使

鐵布衫功

肩、背、胸、腹、臂等各部直接在沙上捽打五次以上。三年後可將布棉除去，接著再用錘擊打。先用木槌，槌重一斤，以藤為柄。肩、背、腰、臀、腿、臂都要擊到，勿使遺漏。擊時運氣於受擊之處，以佐功力。用力由輕而重。每次擊打百次，每日晨昏兩次行功。一年半後，改用鐵錘。又一年半後，身上肌肉開始由硬變軟，與練前無異。前後六年工夫，鐵布衫功方可練成。

此功大成後，全身如裹鐵甲，拳掌刀棒都難以傷之。此功雖屬硬氣功，但不是全憑硬功，而是以內氣助之，因此屬內強外壯。練習鐵布衫功最好在練前服用藥酒，功後用毛巾擦摩，則長功更快。藥方如下：

鐵布衫功藥液秘方：

黃芪	三錢	乳香	三錢
自然銅	一錢	加皮	一兩
虎骨	二錢	猴骨（醋炙）	一兩
無名異	三錢	朱砂	五分
棉花根	二兩	杜仲	六錢

以上十味藥研為細末，每次練功前以好酒沖服，每服五分。

鐵布衫功外洗擦藥秘方：

川烏	一錢	劉寄奴	一錢
透骨草	一兩	艾葉	一錢
草烏	一錢	半夏	二錢
秦艽	三錢	蔥頭	五個
紅花	一錢	川軍	二錢
地丁	三錢	地鱉蟲	一錢

十、拍打內功

　　拍打內功與金鐘罩功、鐵布衫功相似，拍打內功也是防禦性的硬氣功。它的功力雖不如鐵牛功，但其全身兼練，故也是非常人拳腳所能傷的。武林中習此功者頗多。

　　開始練拍打功時可由別人幫助練習。練者赤膊露體，諸人以拳掌在自己身上拍打，拍打的力量由輕而重。

　　拍打部位可從背部著手，其次前胸，然後兩臂兩腿。經一段時間的拍打後，練者肌肉已能承受一定的打擊。於是練者可自己執木棒拍打，木棒由堅硬木頭製成，稱為排棒。棒（磚）長一尺，闊六寸，厚一寸半。

　　拍打時一手握棒（磚）中央，以其外緣側擊，全身各部都需要

拍打內功

打到。先拍打上臂、前臂，左右交替拍打，各拍打百下，用力由輕而重。次拍打大腿、小腿，拍左腿右手執棒（磚），拍右腿左手執棒（磚）。次拍胸腹，再拍後背、兩肩。

每日晨夕各練功一次，每個部位均需拍打百餘次。用木棒（磚）拍打一年後，更換窯磚拍打。依上法次序逐一拍打練習。半年後改用金屬磚，或銅或鐵均可。拍打半年後，全身肌肉之結實與承受力已異於常人。

在練拍打時不可操之過急，尤其在拍打軟襠時，要先鼓氣再拍打。拍打時運氣於拍打處，拍後再吐氣。每拍打一次就呼吸一次。更有登峰造極者，在拍打上述部位後，又接著拍打頭部各處。兩年後功夫自然更深一層。練習本功可配合用以下藥方煎水擦洗。

藥方如下：

川烏	一錢	劉寄奴	一兩
南星	一錢	地丁	一錢
草烏	一錢	艾葉	五錢
透骨草	五錢	地鱉蟲	一錢
當歸	二錢	桃仁	一錢
紅花	一錢		

十一、鐵掃帚功

鐵掃帚功是專練以腿擊人的硬氣功。此功可練一腿，也可練兩腿，使腿部肌肉異常堅實，用以掃敵或格擊器械。

鐵掃帚功首先練腿部的基本力量。練者馬步站立，兩大腿面與地面平行，上身挺直，含胸拔背，兩手平舉，高與肩齊，雙掌掌面豎起，掌心向前，身體不可搖動。

初練時可站得稍高一些，以後逐步站低。如此每日數次，初時不能久站，日後必然增力。當按上勢可站半小時者，再練數日便可站一兩小時而不動搖。三盤穩固乃是鐵掃帚功的基本功。

第二步可兩人相互抓住手臂，兩人同時將小腿外開相撞，初時要輕，漸漸加重。

鐵掃帚功

第三步功可在戶外選一大樹，每天用腿掃樹，方法同上。

開始樹身不動，須有兩年工夫才能有所長進。每出腿掃樹時，樹梢上的葉子會震動搖晃。待練至一定火候，巨樹也像遭大風襲擊一樣，一腿擊去，樹幹搖動，樹葉瑟瑟而落。這時，鐵掃帚功才算完成。

有了鐵掃帚功，再加上多變的腿法，臨陣對敵，縱有百敵圍攻，也能在舉腿之間擊敗對手。

十二、竹葉手功（鐵砂掌）

竹葉手功又稱鐵砂掌，亦名鋼砂掌。這是一種專練手掌掌面的武功。竹葉手的練功方法主要是掌擊鐵砂袋。

先豎一個高二丈的木架，架上吊一個裝有細沙或鐵砂的布袋。布袋以粗帆布製成，大小約二尺見方。袋中鐵砂約重三十斤。袋高與胸齊。練者馬步站立，出左掌將鐵砂袋擊出，待其蕩回之勢未衰時，速出第二掌迎擊。就重量相同的鐵砂袋與沙包而言，擊前者比後者難度要大，因此可先練擊沙包袋，待有一定功夫後再以鐵砂袋練習。

鐵砂形狀不規則，若手觸到尖銳顆粒則極易頂傷，所以鐵砂袋的布質應細密厚實。

為防止自傷，練者在練功過程中最好能以

竹葉手功（鐵砂掌）

藥水洗手，洗手之藥百日內換三次，即每隔三十三天換一副藥。初時練竹葉手功一般先練蕩法，即掌擊鐵砂袋使之來回蕩動，由數寸至數尺，直到一掌將砂袋擊出能蕩一丈開外時，便可練拉法了。

　　當鐵砂袋被掌擊出蕩回時，練者舉掌從旁側攔之，待掌著袋後即用力向前擦或向後挫之，使砂袋在前面不住地旋轉。待砂袋停穩後，再拍之使它向外蕩，蕩回時再以上法挫、擦。練至不覺費力時，可將袋內鐵砂增加三十斤，如法練習半年後再加三十斤，直加至一百三十斤。能將一百三十斤的鐵砂袋隨手拍出，任意挫擦旋成圓花而不覺費力時，功夫已近絕頂。練成此功大概需要三四年時間。

　　竹葉手功練成之後，其掌力驚人，被掌擊者不亡亦重傷。故有此功者平日行事須十分小心，以免誤傷。

　　竹葉手功練功洗手秘方如下：

川烏	一錢	硫磺	一兩
百部	一錢	草烏	一錢
天南星	一錢	秦艽蒂	一錢
半夏	一錢	花椒	一錢
蛇床子	一錢	透骨草	一兩
狼毒	一兩	龍骨	一兩
藜蘆	一兩	地骨皮	一兩
海牙	一兩	青鹽	四兩
紫花地丁	一兩	劉寄奴	二兩

　　以上十幾味加醋五大碗、水五大碗共煎之，熬成七碗。洗手時先將藥水放在爐火上，等到微溫時將手浸入，半小時拿出。

十三、跳蜈蚣功

跳蜈蚣功同臥虎功極為相近，也是練手臂、手指和腳趾的硬功，並兼練跳躍法。

跳蜈蚣功的練法分為兩步：一步是撐，一步是躍。

撐法與臥虎功完全相同。當練至單指、單趾著地能側身將身體撐起時，可練躍法：

先兩手撐地，兩足趾著地，胸腹離地三寸，全身平直，這是預備姿勢。躍時先將身體上聳，臀部抬高成弓背形，兩手、兩腳都伸直。然後手腳同時用力按點地面，身體便借反作用力向前躍出。身體凌空後落地時，先以兩手著地。手臂基本為直但稍屈，直到胸口離地數寸，兩腳再落地。此時臀、腿部高於頭。

上述的起落動作為一次，每日依法練習。每次練習能連

跳蜈蚣功

續跳躍的次數越多，每日練習的次數就可相應地減少。循序漸進，開始用掌練習，而後可用拳、五指、三指、二指，直到能用兩手各一指，此時造詣已頗深了。

跳蜈蚣功指力異常，而其跳躍之法更為常人不測。能在實戰失利而跌地時一躍數尺，反敗為勝，更能佯敗誘敵，出奇制勝。

十四、 仙人掌功

　　仙人掌功是練四指指尖的硬氣功，與一指禪、點石功都很相近。

　　仙人掌功由點石功所演變而來，練法比較容易，而力量卻比點石功大得多。

　　此功練法分為三步：懸空發勁、練木板和練石板。仙人掌功掌型是四指向前用力伸直，拇指彎屈緊貼掌心。伸出的四指要緊緊併攏，力達指尖。

　　第一步：馬步而立，手掌貼近左胸，成仙人掌式，掌心向上。然後掌往前刺，同時手臂內旋，掌心由朝上變為朝左，待掌刺到極處時發勁，力由腰發，通過左臂直達四指端。然後收回再刺。如此循環練習，力疲而止，每天

仙人掌功

有空閑時間就練。直到能一次連續不斷地刺掌五百次，便可進入第二步練習。

　　初練時木板宜薄，用力由輕而重。時間也無限制，有空即可練，力疲而止。直練至一掌能將木板刺陷。之後可選原木板豎於地面，下面用沙土埋實固定，每日晨昏兩次練習，每次力疲為止。初時，掌刺去木板微陷，每日練習不輟，便可一掌刺去，木板開裂。

　　此時可換石板練習，依上法每天用掌擊刺，直至一掌刺去，石板凹陷，此功方算大成。

　　仙人掌功指力不下千斤，一旦出手犀利無比，即使有鐵牛功的人也難以抵敵，不論是開口功還是閉口功。因此，武林中有俗諺：「鐵牛功，練得精，一遇仙人掌，立刻掙不成。」可見其威力。

十五、紙篷功（剛柔法）

紙篷功是專練拳的武功，與其他練拳功夫相比，此功剛中有柔，剛柔相兼。

練法：先備一長桌，桌長二丈，闊三尺，高三尺半。桌子兩端為橫釘之板，與桌架牢固連接。橫板內側開一楔口，上擱直板數條，每條長一丈五六尺，幾塊板併攏共闊三尺，不用時可移去或抽去。

所謂紙篷由舊紙用繩紮起而成。先將舊紙疊成長方形，再用繩子紮緊。其寬、高各二尺，長二尺餘，紙篷的中央繫以長繩，以供拉抱之用。

練功時，練者馬步或弓步立於桌子一端。紙篷置於桌端，離胸口不及一拳之地。右手緊握成拳，左手拉著紙篷紮繩的一端，然後右拳向紙篷盡力外擊。

紙篷功

初時略見移動，後來便能漸漸向後躍出。直至紙篷能應拳而出。每見紙篷躍出，左手便將其拉復原位，如此再擊再拉。

　　此功宜在每天晨夕練習，而且尤以雙手同練為佳。當然單練一手也可。初練時紙篷重約二十斤左右，待拳擊去感到很輕時，可在紙篷中加以鉛塊，重量應逐漸增加，直至百餘斤，此時已功成大半。然後可將活動之板抽去一條，桌面露出縫隙，再依上法練習，紙篷便會在縫隙處停住。

　　苦練數月後，紙篷能應拳躍至另一端，如此再抽去一板，直至將活動之板抽盡，長桌中便有丈餘縫隙。出拳擊去，紙篷能應手躍至另一端，而且，待左手拉回立即出拳再擊時，紙篷仍在空中來往而不墜落，功即大成。

　　此功練成後，不但拳力重有千斤，而且內含剛柔之勁。此功剛柔相濟，陰陽互補，屬硬功中的上乘功夫。

十六、朱砂掌功

　　朱砂掌又名紅砂手，是一種相當厲害的絕手武功。

　　朱砂掌練法雖簡單但費時頗長。練前先置一木箱，其高一尺，寬、長各二尺。箱內盛滿黃沙。

　　每日練功前將箱子放在桌上，高及腹部。練者馬步站立，手入沙中用力搓摩，次數不限。每日晨起先在曠野之中面東而立，身體正直，兩腳開立，與肩同寬，腳尖相齊。頭頂項直，二目平視。全身放鬆，舌抵上腭，口微閉合，鼻呼鼻吸，意念集中，排除雜念。如此練習運氣，每日不可間斷，否則前功盡棄。氣練畢後方可行功。

　　在雙手插沙時要運氣於手掌，翻動沙子既靠掌力又靠運氣。如此直練至雙手離沙半尺，

朱砂掌功

凌空搓摩，而箱中之沙也能應手而起時，則第一步功夫成。

接著可棄黃沙而以小砂石代之，依上法而練。

而後以小鐵砂代之。如能凌空搓摩而令鐵砂應手而起時，才算完成全功。

朱砂掌為人治病全憑內氣貫於手掌，不靠剛力。練習朱砂掌功不但能造就殺手功夫，而且能強筋健骨，氣血暢通加強內臟功能，是袪病延年的一種養生之功。

十七、臥虎功

臥虎功又稱睡功，主要練手臂、手指的力量。

臥虎功用現代稱法是俯地撐（俯地挺身）或俯臥掌，練法非常簡單。

練者先俯臥地上，兩手手掌著地，置於胸前，相距與肩同寬。兩腿伸直，腳趾著地。然後手臂用力上撐，使身體離地，應注意全身挺直，不可抬肩吸腰，也不能翹臀吸腰，全身之力皆在手掌與腳趾上。然後身體下降，手臂彎屈，身離地幾寸時再撐起。

如此循環練習。直至能連續撐八十次，可改掌為拳，以拳面支撐身體，依上法練習。再能撐八十次時，可易拳為五指，以後漸漸能三指、二指、直到一指著地支撐。

如此每減一指，力量就增加一倍。在由掌而過渡到拳、

臥虎功

指的同時，身體的運動形式也可改變。身體平直撐起熟練之後。可向前後運動，其法為：兩手用力將身體撐起，身體向前衝出一尺，兩腳不動。然後抬起臀部，身體後退，前胸離地數寸，然後再前伸，再後屈。如此反覆練習，身體前後的運動大大有利於支撐力的鍛鍊，此功練熟後可進行第二步換用一手一腳練習。

即身體橫側，以一手、一腳著地，練法大致同上，惟有兩點不同：

其一，腳趾也可先練全部腳趾後練一個腳趾。

其二，練時另一腳可放在著地腳之上，身體兩側可輪流練習。

第三步雖是雙手掌、雙腳著地，但在腰上壓重石，初五十斤，以後逐步增至一百斤。其練法也分掌、拳、手指，直至一指為止。

有臥虎功者，其臂力、指力過人。一般學擒拿、點穴者都要先練此功。若只有第一步功夫，則只是平常。練至第二步者，其力就已十分可觀了。若有心練至第三步，就能以指穿木。

十八、 泅水術

泅水術又名浪裡鑽，類似現代的游泳。

慈蓮禪師以八法教練泅水術。其八法為：蹬、抗、踩、浮、沉、潛、坐、躍。

並有泅水八法歌訣：「露身（蹬）水足上功，斜肩（抗）水破浪行，提氣（踩）水手足動，金禪（浮）水快如風，水底（潛）行排身進，足蹬（沉）水手上撐，沉氣（坐）水千斤重，應敵（躍）水似蛟龍。」

泅水術對會游泳者來說，練起來非常容易。不會者則須從頭學起，初習水者，可在深不過肩的淺水中練習，練時可選用一木板，一手扶之，胸俯其上，另一手划水，兩足用力拍打水面，使全身浮起向前游去。

游時要深吸一口氣，然後屏住呼吸，用嘴微微向外排

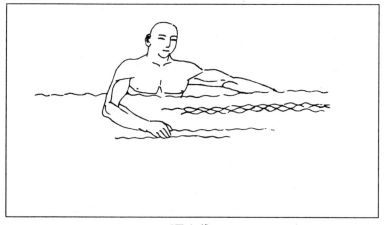

泅水術

氣。游至力盡時，可起立稍休息，復以此法練習。而後可棄板練習。

兩手輪流畫水，兩足交替拍水，身體借力向前游進。此為浮法，即自由式游泳。

抗法即仰游。人面朝天仰臥水上，以兩手輪流畫水，腳拍水而進。

踩法即踩水，身體在水中直立，兩手在胸前交叉划水，兩足交替踩水。如此可使身體浮於水面不沉沒，也不傾斜搖晃。

沉法即常說的扎猛子，即將全身沉入水中。在水淺處可先以兩足支撐水底上躥，落下時乘勢沒水。若水深則先以兩手向下划水，用兩足踏水，身體上浮，隨即兩手反掌向上划水，氣沉丹田，向水底沉沒。

坐法即坐水底。沉水之後，兩足尖下蹬，在水中蹲身站馬步，閉氣凝神。初時因水底流急難以坐定，俟練習即久，則能稍坐片刻，以至能久坐不倒。惟兩手須上划水，純熟以後，雙手不動也能坐定。

潛是潛行。即身體沉入水底後，兩足站定，向前行走。其法：縮身蜷軀，兩手由腋窩向前伸掌，隨兩腿行進之勢向後划水，兩足向前移動。練時手足並用，氣沉丹田。

蹬法：初練時可高舉一手，另一手與兩足同時划水，使身體上浮。逐步以兩手高舉，憑兩足蹬水，使身體在水中行進。開始身體易傾斜甚至沒水。習之長久，即可使頭露出水面，漸露出兩肩、胸部，直練至露出肚臍。

躍是水戰之法。上面七法精熟之後，就可練躍法，此功為水中交戰之用。

其法：如欲向左躍，即以兩手向右排水，身體向左抗，兩足向後蹬。向右躍方法相同，惟方向相反而已。向前躍則兩手向後划水，身體向前屈，兩足向後蹬水。向後躍則方向相反。向上躍則兩手向下排水，兩腿屈至胸前，這時向左右分之，如盤膝狀，蓄氣肺腑，頭頂上攢。向下則方向相反。練習精熟，即可任意前後左右上下躍行。

　　泅水術練成之後，水中可任意行走，是水戰行之有效的方法。

十九、千斤閘

千斤閘功夫表面看起來似乎不過是練兩臂上托之力，其實不然，在上托重物時，全身上、中、下三盤要處處照顧到，此功非掌、指等局部功夫可比。千斤閘練法簡單而又呆板，天生實力充沛者練此功最為適宜，而身體瘦弱、力量過小者，縱然苦練，成功也甚難。

千斤閘

練千斤閘之初，站馬步，兩手高舉過頭，指尖朝後，掌根朝前。其勢如八段錦中托天提地理三焦，這時主要練懸空之力。

三個月後可換石擔練習。初時二三十斤，以後逐步加重，直至二百斤石擔能用手托定持續一小時而不搖晃，便可換閘練習。

先把兩條巨石埋入地下，露出地面的高度

為五尺，兩石相對而立。兩石柱上鑿有深槽，可置石板。另備長度相等的石塊若干，每塊重三十至二百斤不等。先以二百斤重的石板橫置兩石柱槽中，上面用繩拴定固定在離地四尺高處。

練者先蹲身於閘下，雙手極力將石板上托。練至能將二百斤重石板托起半小時而不喘大氣，即可在上面加一塊三十斤重的小石板，依上法練習。

每達到與上述相應的程度，便將上面小石板拿下，再換上較重的大石板，當練至能將千斤巨石托起時，真功大成。一般能托千斤者極為少見，因此能托五百斤、七百斤就已算佼佼者了。

千斤閘練成之後，兩臂之力自不必說，身體其他部位也已有十分深的功力，尤其下盤極為穩固，堪稱鐵塔，其功力並不比石柱功遜色多少。

二十、金鐘罩功

金鐘罩是練習全身防禦的硬氣功。此功集硬功之精華於一身，因此練習極為不易。

金鐘罩功

金鐘罩是揭諦功、龜背功、鐵牛功、鐵布衫功的組合。

此功開始練習時先用舊布紮成布槌，在周身敲打。用力由輕而重，擊打的部位由上而下，由前而後，肩、背、胸、腹、腰、臀、腿、腳各處都要擊到。

初擊時遍體疼痛，日久自然消失。繼而換木槌擊打，直至鐵錘擊身也不覺疼時，可接著練習揭諦功、龜背功、鐵牛功、鐵布衫功。

前三功可交叉同時練習。一年後則可與鐵布衫功同時練習。在練鐵布衫功時，還應注意練頭功。這樣渾身上下

便不怕擊打。如此練習大約需用十年苦功。

金鐘罩功練成之後，全身上下結實異常。無論是骨骼還是肌肉看上去都連成為一塊，渾然一體。拳打腳踢毫無感覺，即使棍棒也不能傷。

此功不是只練一個部位，而是全身上下各個部位都練到，故堪稱防禦性硬功中的絕頂武功。但金鐘罩練習極為艱苦，因此武林中真正練成者不多。

在整個金鐘罩功的練習過程中，當練錘擊、龜背功、揭諦功時，每次行功後都要用藥洗浴全身，以消毒去腫，舒筋健骨。在練鐵布衫功時要用藥酒以助內壯（其藥酒之方見於鐵布衫功一節）。

金鐘罩功洗藥秘方：

老桂木	二錢	細辛	三錢
蔓荊子	一兩	荊芥	一兩
丁香	二錢	白芷	三錢
川芎	一兩	羌活	一兩
防風	一兩		

以上九味研為細末，每一兩藥加水兩碗，連須蔥白頭五個，煎湯洗槌擊處、摔躍之點。注意以熱湯擦洗。不限次數，多洗最妙。

二十一、鎖指功

鎖指功專練手指的捏勁。此功與拈花功、龍爪功大同小異，都是點穴擒拿的基本功夫。

鎖指功

鎖指功的練法有徒手練習和使用實物練兩種。

徒手練習是緊併左手食、中二指，屈成環形，以大拇指指端緊抵中、食二指指端，使三指指端相對。掌心中空，虎口撐圓，三指用力扣牢。扣時須盡全力，力達指端，力竭時可稍稍休息後再練。每日有空就練，時間、次數、地點都不限。

練時注意不可分心，要聚精會神，凝神斂氣，意在指端，如扣鋼鐵。一年後用木板練習。初練擇一寸厚木板，以後可用三寸硬木代替。當三指用力一扣

即能把木板捏扁，可換鋼板練習，練習方法同上。直至能用指把石塊捏成粉末，其功大成。

　　徒手練習過渡到扣木板、木塊到扣鋼板，前後大約需要八九年時間，方能練成這樣的絕手硬氣功。

　　鎖指功練成之後，三指之力千斤有餘。若以三指扣拿人體各部位，無不筋斷骨折，如拿其穴位更有性命之虞。日常生活中經常使用拇、中、食三指，因此練鎖指功宜用左手，以免無意中傷人毀物。

二十二、羅漢功

羅漢功又名慧眼功，即佛家慧眼之意。此功專練夜行眼力。

羅漢功的練法較易，然而需持之以恆，不可間斷。

初練此功，每日睡覺醒來先不睜眼，用兩手拇指相對摩擦眼部直至發熱，揩目十四次，仍閉目。

其揩目方向由左向左上，向正上向右上，向右向右下，由右下向正下，向左下向左，如此輪轉七周，即是童子功中的開合輪睛功夫。

轉畢待片刻後，忽大睜雙目，用兩手拇指指背屈骨緊按眉梢（攢竹穴）穴七十二次。再用手指按摩兩顴及旋轉耳根（耳根穴）三十六次。又以手逆額，從兩眉中間開始入髮際為止，七十二次。口中咽唾液，此為醒後功夫。

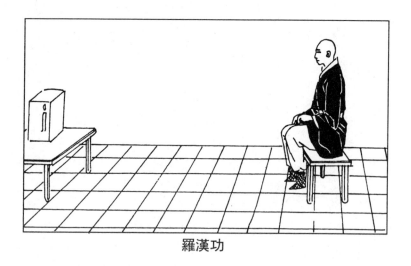

羅漢功

起床之後，在暗室中放一盞淡綠色燈罩的風燈，其中以香油點燃，從外看出只有綠色一點熒火。練者離燈二丈，盤膝而坐，靜心吸氣。聚精會神，雙目盯著風燈看，視半小時後，再閉目練開合輪睛，依原法向左右各轉三十六次。然後再睜眼看風燈……如此循環練習，每次練習兩個小時。如白天無暗室可用，可在夜間練習。

　　三個月後，將風燈罩紙顏色加深少許。練者所坐位置也向後挪二尺。以後逐步增加燈罩顏色，從淡綠色起，直加至深藍色。練者與燈的距離也由二丈增為十丈。這樣看上去燈焰也由蠶豆大而變為黃豆大，所練時間也由兩小時增為四小時，如此在夜間就能在黑暗中辨明細小之物。

　　羅漢功練成之後，夜行時雖是漆黑一團，但路上行人、樹木皆能收入眼底，非但行路無阻，即使與人格鬥中也能明察敵方的每一個細小動作，從而達到克敵制勝的目的。

　　羅漢功的練習費時頗長，為助長功力，可在飯前食白煮羊肝少許，日日不斷。

二十三、壁虎遊牆功

壁虎遊牆功又名爬牆功。此功為輕功中的上乘功夫，以肘踵之力在牆面上行走自如，似壁虎爬牆一般，故以此命名。

此功的練習費時長，難度高，習此者百人只有幾人能夠成功。

開始練習爬牆功時，人仰臥地上，以兩肘兩腳跟將身體撐起，力疲後可起身休息片刻再練。

練時背、臀、腿部不可著地。當一次能撐持半小時後，可開始練習平地蠕行，即先用肘、踵撐起身體，然後將左肘、左踵向頭頂方向移動半尺，再將右肘、右踵向頭頂方向移動一尺。每次移動的距離可視練者功力而定。

壁虎遊牆功

此法練上兩年，兩肘、兩踵之力極大，一次仰臥於地可行走半小時以上，再可練第二步功夫。

練前先用磚砌一堵牆，牆上之磚凹凸不平，有凸出二寸者，有凹入三寸者，牆高丈二。練者背貼牆面，用肘踵在牆面高低不平處向上爬行。開始練時幾秒鐘就會從牆上跌下。如此堅持不懈，數年後方可從牆根爬上牆頂。

之後便可將牆上凸出之處全部敲去，只有凹處。練者仍然依上法練習，熟練之後，可在腳上綁鉛塊，身上穿砂衣，仍不懈練習。

當上牆熟練之後，便可練橫行之術，其法相同。練到在牆上可橫行，能上下連續行半小時後，此功大成。若除去鉛塊、砂衣，在一般牆上爬行便如行平地。

此功練成後，身輕如燕，穿街走巷，高牆上下易如反掌。然練習時必須有老師指導，不可擅自練習，恐有性命之虞。此功屬一種內氣運行功。

二十四、鞭勁法

　　鞭勁法專練兩前臂下壓之力，與鐵臂功、分水功等練手臂的硬功不同，其用勁幹壓，而不用摔打橫擊之力。此功能使前臂結實有力，猶如一對鋼鞭。

鞭勁法

　　練鞭勁需要豎一單椿。在地上埋入兩根粗木，上有等高圓孔若干對，其中可以插桿，高度可以調節。

　　練時以兩臂撐桿，身體凌空，漸漸升至與腰齊為度，然後再緩緩下降，如無單桿，也可將桌子墊高練習，逐日練習，每日升降次數應有增加。若兩臂腫脹酸痛，則可用藥水浸洗，行功前後各浸洗一次為最佳。

　　如此練上一年，則兩臂之力已相當可觀。接著便可豎竹架練習。先在地上挖深坑，將四

根尖樁插入並埋嚴實，呈正方形排列。然後在四根樁上縛上互相平行的兩根粗毛竹，再在兩平行毛竹上橫排四五根毛竹，也用軟繩固定。

　　練者馬步站立，兩前臂置於橫竹之上用力下壓，一次連續半小時，稍休息後再壓。起初只能將竹壓下一二寸，逐步壓下六七寸，此時便在橫排毛竹旁加縛一根毛竹，依法練習，當練至又能將兩平行毛竹壓下六七寸時，再縛一橫竹，如此不懈苦練，大致需四年功夫方可成功。

　　此功練成之後，兩臂之力驚人，以此臨敵，縱有棍棒擊來，也只須在抬手之間便可敗敵。練者平日用力已成習慣，稍不留意便會傷人，故有此功者，常用鐵皮製兩袖籠套在前臂上，外縛棉帛，以免誤傷。

二十五、琵琶功

　　琵琶功又名指頭彈，是專練四個手指甲部位的彈擊之法。一般指頭彈是練一指即食指或中指的指甲的彈擊力，而琵琶功是四個手指指甲先後彈出，如同彈琵琶的指法一樣，故有琵琶功之名。

琵琶功

　　指甲之彈力極其微弱，同拳腳相比不能作為進攻的手段。然而若下苦功練之，也能增大其力，能出人意料之外施行攻擊，往往能出奇制勝。

　　琵琶功是一種厲害的殺手功夫，其威力一半靠苦練，一半則借助於藥力。

　　其藥共由四十味藥混合配製而成，外加白醋十斤，白鹽十斤，入銅鍋內煎熬一小時，取其藥渣摻入湖沙十斤，在石臼中搗爛，裝入長

布袋內。布袋先置於木板上，在混合物還沒乾時，用手按壓成長方形，然後放在蔭涼處晾乾，即可作為練功用。

練法：將藥布袋放在臺上或石塊上，高與胸腰平。一般常用左手練功，一為防誤傷，二則左手出擊時往往能攻敵之不備，乘隙取勝。四指彎屈併攏，以拇指依次緊緊扣著四指指甲，然後四指陸續用力向外彈出，以指甲擊布袋。

出指順序是：小指起至食指止。待全部彈出後應迅速收回，屈曲併攏，用拇指扣著，再次彈擊。如此循環練習。每日晨昏練功兩次，不可間斷。每次彈五百次，用力由輕而重。如此練習不輟，三年可成。

琵琶功練成之後，指力非常，而且藥入手指，受攻部位外觀如常，其實內傷已重，非藥力可救。琵琶功用法險惡，一般習武者不練此功。有此功者四指烏黑，可一望而知。

練琵琶功的藥秘方如下：

虎前掌	一對	蒼耳草	二錢
茜草根	三錢	青木香	三錢
生半夏	三錢	五加皮	五錢
沒藥（去油）	二錢	老鴉草	六錢
松節油	五錢	桂枝尖	五錢
狼牙虎刺		杜仲	二錢
（醋煨研末）	二錢	防風	二錢
紅花	二錢	石見穿	二錢
沙木皮	五錢	蚺蛇膽	一個
黃荊子	二錢	川牛膝	二錢
乳香（去油）	二錢	荊芥	二錢
白芥子	一錢	蛇床子	一兩

千年健	二錢	皮硝	一兩
甘草	二錢	血竭	一兩
自然銅	二錢	紫苑草	二錢
大刀根	五錢	海桐皮	二錢
川續斷（去油）	二錢	木瓜	二個
核桃皮	三錢	仙鶴草	四錢
川石斛	三錢	當歸身	二錢
熟地	二錢	白蘚皮	五錢
石菖蒲	二錢		

二十六、 流星椿

　　流星椿是訓練人體判斷力與爆發力的硬氣功。此功技擊性強，是北方武術家必練的基本功。

　　流星椿練法極易。先在地上挖一深坑，將大竹筒一根埋入，竹筒露出地面五尺。竹筒外用粗麻繩纏縛。練者以椿為敵，可用拳、掌、膝、腿、臂、肘、指、腳、臀、頭、肩及身上各處擊打之。攻擊方式也不限，可以撞、打、踢、踹、拍、切、劈、削、拉等。

　　練時可在椿上按人身要害部位標上不同顏色。可針對這些要害部位實施猛擊。此功可單獨練習，也可組合練習。在練習中應以技巧性組合練習為主，力量性練習為輔。

　　雖然在練功中不甚

流星椿

要求用猛力，然而皮膚與麻繩摩擦自然會損傷。久練後皮肉堅實，其力必增，練習後身上各部呈鐵青色，如此每日行功兩次，三年之後必見功效。

　　流星樁功夫練熟之後，其出手極快，打擊部位準確且凶猛有力。

二十七、梅花椿

　　梅花椿是專練步法的武功。其功在椿上練成，身體靈活，步法敏捷。

　　梅花椿功首先要求的是身法的靈敏，因此，初練時應先在地上進行。先在地面上用石灰畫梅花圈。每圈直徑三寸，各圈間距離為二尺，以五圈為一組，呈梅花形。所畫梅花組數的多少可依空地大小而定。

　　練者先在最外一個圈上以足尖站定，另一腳抬起呈金雞獨立之勢，然後依次逐個在圈上踏過，直至最後一個圈站定，轉身依次復原。走梅花椿要用腳尖之力，因此，在地面練習時每踏一圈都要站穩，身體不可搖晃。每跨一椿都要求準確，因此，踏圈時要求腳尖一定要落在圈中，不可踏線或在圈外。當踏圈初步熟練後，便可以在一組梅花圈上練習身法、步法。可先往左走，再往右走，然後左右隨意而行，或翻身或退步均需熟練。此法熟練後，又在每組椿中指定一個為虛椿，並作記號標明。腳不可踏，否則會失足落於陷坑。當然這只是假設，以備實戰。

　　此時練者必須對所練之次序心中明白，如先踏第一組第二椿，再第二組第四椿，繼而第三組第一椿。進行二人配合練習效果最佳，即當一人踏時，另一人在椿旁喝令。當其一腳落實後，即發令叫出下一步方位。發令時應注意盡量避免讓練者只朝一兩個方向練習，須前後左右交叉混合地發令，這樣才能培養出練者的反應與轉換的靈敏。在地面已練得十分熟練後，即可上椿練習。

椿高三尺，下粗上細，頂端粗二寸，椿間距與地面相同，惟地面虛椿以記號標明，而實際虛椿與實椿外形毫無區別，只是埋入地下二寸，若踏上便會椿倒人落，故對此虛椿只可心中暗記。椿上練習前應先熟悉木椿的布局，設計並掌握一定的程序。然後先在一組椿上練習，再後可請人喝令在幾組椿上練習。待全部熟練後，可將椿拔去埋入高椿再練。直至能在三尺以上高的木椿上行走若定，騰挪自如，其功就可謂成了。然而更

梅花椿

有有心者，在上面的基礎上，又腳綁鐵砂袋而練，如此功力自然又高人一籌。

梅花椿功非三年苦練不能成。功成之後，身法靈活如狸貓，步法輕盈不遜於猿猴。與人交手時，其閃轉騰挪常令人難以捉摸，可以以弱勝強，以少勝多。另外，還有三方椿、七星椿、九星椿等。均在於椿位的多少而異，其練法完全相同。

二十八、石鎖功

石鎖功為專練兩臂提掖之功，其功效與鐵袋功相仿。石鎖的形狀和舊式銅鎖無異，有殼有簧，只是沒有鎖孔。石鎖由青石或麻石鑿製而成，輕則二十斤、重則六十斤不等。凡練此功者應備幾個重量不等的石鎖以供不同階段練功使用。而且要注重左右手兼練。

石鎖功的練習程序為，由簡而繁，由輕而重，方法有舉、懸、翻、頂、背、盤、接、七種。

舉法：以一手抓著鎖簧提起，肘貼脅下將石鎖舉至胸前，然後挺胸將石鎖高舉過頭。如此一手將石鎖頻頻高舉，待力竭時再換另一手練習。另一種練法是，練者馬步站立，一手抓著石鎖猛一下舉過頭頂。此法練習後可練分段上舉，即將第一法動作分為兩段，將石鎖舉至胸前為一段，由胸前舉至頭頂又為一段。

懸法：一手抓著石鎖，手臂伸直緩緩向前上提舉至與胸平，然後懸著不動，力盡放下再懸。此為前懸法，再練側懸法，手臂伸直將石鎖從側面緩緩提舉至高與肩平，左右練習，練時可直立或馬步。

翻法：將石鎖提起後猛地脫手，同時手腕向前輕輕一壓，石鎖騰空而翻，待石鎖落至胸前時，單手抱接，手隨石鎖下落之勢一起下落，待落至盡頭時再猛力上提脫手，石鎖翻滾落下再接。石鎖翻滾的次數越多，扔出的力和接鎖的力就越大。初練時，石鎖在空中翻一圈即可，以後逐漸增加翻滾的圈數。翻滾的次數多少，須視臂力而行，不可冒進而傷

石鎖功

身體。前翻練熟後再練側翻。

頂法：將石鎖拋上去，待其下落時，以拳背迎其居中處頂著，頂時先以拳背接著石鎖，急隨石鎖下落之勢微向下墜，以拳將石鎖頂穩，再舉拳上頂將石鎖再度拋出，以拳再頂。兩手交換練習，力竭而止。拳背手法熟練後，再練拳眼、手背、肘、前臂、膝，最後練手指的頂法。

背法：右手提鎖從背後向左肩上方拋去，身形略為左扭，當石鎖從左肩上方下落時，再以右手接鎖，如此循環練習。再以左手練左側，方向相反。

盤法：右手提鎖從腰後向左平拋，讓其從左肋下穿出，同時身體左扭，仍以右手接鎖，此為右盤鎖，左盤鎖與此相反。

接法：接法是二人對練對接的練法，接法可以兩人對接練習，可以三人或四人圍一個大圈做相傳、相接練習，以增加臂力。

以上七種練法，可以任選一種練習之。

二十九、鐵臂膊

鐵臂膊又稱鐵扁擔，是專練臂膊的硬氣功。這是一種武林中常見的硬氣功，不只少林拳派中有，其他各派均有其練法。鐵臂膊練法簡單，是學拳的基礎，各派練法基本相同，惟其用功深淺要求不同。

此功練法簡單，然而欲揮膊斷石卻非常人所能，須下五年苦功。

練前準備一根直徑半尺的圓木，牢牢地埋入地下，留一人高在地面之上。練者馬步立於木前，以兩臂輪流擊打圓木，敲打的部位在前臂處，初時可輕擊，以後逐漸加重。

每日行功兩次，至兩臂酸疼時為止。當練到兩臂擊木而無疼痛時，即可改擊大樹。

所擊之樹一般要徑粗一尺以上，樹幹粗糙

鐵臂膊

多節者為最好。此時臂力雖較大，但以血肉之軀擊堅硬之物，稍用力即會皮破血流，故用力不宜過大。

在練習過程中，皮肉破損是正常現象。待經過數次破裂與結痂後，皮膚已堅硬如鐵而柔軟如革，而此時大樹也因長期擊打變得又光又滑。

接著可練臂擊巨石，石塊可先選光滑的，再練粗糙的。這時手臂會再度破裂、結痂。當練至揮臂間碑石立斷時，鐵臂膊之功就練成了。

此功練成後，手臂有千斤之力，在交手中實用價值較大。平時見到以臂擊樹者很多，但真正練成鐵臂膊者卻很少。主要是苦功尚未練到火候。

三十、彈指功

彈指功也稱彈指拳，是以拳面第二節骨節擊人的拳法，屬死手硬氣功。

彈指功的練法與仙人掌功、馬鞍功練法有相同之處，只是所練的部位不同。

此功的握拳法同巴子拳的握拳法相同，只握半拳。即大拇指屈置掌心，其餘四指均在第二與第三骨節處彎曲，指端緊扣掌心，第三節指背與拳背相平。

初練時，可以用拳擊平整的木板。擊時屈肘送拳，未到極處時便收回，略帶蓄勁。和馬鞍功的拳擊出臂平相比，彈指功以指節前擊，屈肘出拳而臂不平，純以肘的彈力擊人。指關節外無肌肉與脂肪層保護，練習極易

彈指功

受傷，練時須由輕而重，切勿貪功。若練後能以藥水洗手，效果更佳，既能護骨又能長功。當練至能一拳擊陷木板時，可改擊麻石或青石。

每天晨夕兩次練功，每次一小時，當青石板被拳擊成凹坑時，可改擊鋼板。鋼板硬而有彈性，故擊鋼板不能只用硬力，要剛中有柔，以剛柔相濟之力方有可能擊陷鋼板。當練至能在鋼板上擊出陷坑時，彈指功就算練成了。如此練法前後大致需要四、五年功夫。

彈指功所練的部位是人所不常練的，故擊人隱蔽性較大。因此，拳不出則已，一出必中，中則傷人。

三十一、柔骨功

柔骨功是武術的基本功，主要是鍛鍊關節的靈活性與腰部的柔韌性。所以武林中有這樣一句諺語：「打拳不溜腿，到老冒失鬼；練拳不練腰，終究藝不高。」

柔骨功的主要練法有：前踢、斜掛、側踢、外擺、倒打、朝天蹬、劈叉、後彎等法。各種練法如下：

前踢：雙手叉腰，右腳上前一步，左腳在後。然後左腳向前上方踢起，努力用腳尖朝前額踢去。左腳落下後與右腳併攏，接著左腳上前一步，踢起右腳，方法同左腳，兩腳反覆練習。

斜掛：預備勢同上。先飛起左腳，極力向右耳踢去。落步後與右腳併攏再上前一步，然後起右腳向左耳盡力踢去。兩腳輪流練習。

側踢：兩手握拳，右腳上前一步，腳尖略偏向右外側。上身右轉，左拳垂於身前，右拳上舉。肘微屈，左腳在後。

柔骨功

然後起左腳極力朝左耳上方踢去。左腳落下後，腳尖偏向左外側。上身變為左轉，右肩向前，右拳垂於身前，左拳由左下方向後環繞舉於頭上方，屈肘。然後起右腳極力踢向右耳上方。左、右輪流練習。

外擺：兩手握拳側平舉。左腳上前一步，右腳在後，然後起右腳向前踢起，經面部向右回環落地與左腳併攏。右腳上前一步，起左腳依上法練習，只是方向相反而已。

倒打：兩手握拳側平舉，上左腳，向前踢起右腳，極力碰前額，落下後向後盪起，極力以腳掌倒打頭部，此時上身應後仰以迎右腳。右腳落下，上一步，起左腳依法練習，方法相同。

朝天蹬：右腳屈膝向前提起，右手從後面托定腳跟，左手叉腰或側平舉。然後右手將右腳朝右上方扳起。右腳放下，依法練習左腳。

劈叉：分為前劈和橫劈。前劈法是，兩腿前後分開著地，前腿以大腿和小腿後側著地，腳尖翹起，後腿以大腿和小腿前側著地，腳尖繃直。上身挺直，面向前方，兩手在兩側扶地。橫劈法為，兩腿左、右分開，都以腿部後側著地，腳尖翹起。上身正直向前，兩手扶地。

後彎：兩腳分開，與肩同寬。兩臂由身前上舉，手心向上。眼睛仰視手背，而後腰向後彎下，以手著地。反覆練習。熟練後可練兩肘著地；方法同上。之後可做難度大一些的練習，即在手著地後，雙膝跪地。

柔骨功的練習宜在每日清晨進行，每日半小時以上。各個動作可以交叉練習。但要注意循序漸進，不可急於求成，否則會扭傷關節，拉傷韌帶，欲速則不達。

三十二、 蛤蟆功

　　蛤蟆功又稱癩團功，是專練全身肌肉的禦敵之法。蛤蟆功練法與現在的舉桿鈴相似，練此功時重於用力。

　　初步應先練臂腕之力，這時應以石擔鐵臂可宜。將石擔抓起，極力舉過頭頂，每日不懈練習，力盡而止，反覆練習後臂腕之力自然大增，肌肉也會逐漸發達。當練至能將百斤石擔毫不費力地舉過頭頂時，便可棄去器械做徒手練習，仍作舉石擔狀，憑空作勢，手中無物而心中有意。

　　這階段要以運力為主，練者自然後挺身上舉，胸腹處皆著力，如此上身各部份都能得到鍛鍊，直練至上身肌肉隆起為止。

　　繼而練腰腿功夫。其練法與鐵牛功、鐵布

蛤蟆功

衫功的腰腹練法相同，逐漸使腰腹肌肉結實堅硬，不怕擊打。然後練運力之法。中盤功力成就後，可接著練下盤，練者馬步站立，大腿面務求與地面平行。兩臂向前平舉，掌心向前，挺胸收腹，身體保持平衡，力盡而止。

可散散步舒展一下筋骨後再練。開始不能久站，日久則持續時間逐漸延長，待練得腿部肌肉堅實，略成小股狀時，再改直立練習，這時應偏重於運力之法，直到練至腿部肌肉也呈條狀隆起時，蛤蟆功才算大成。

此功練成之後，全身肌肉異常發達，只要稍稍運力，便會突起呈小股狀，堅硬如鐵。在實戰中可以防禦對手拳、掌的重擊，甚至刀槍的攻擊，是一種行之有效的防禦手段。這也就是武林中常說的「內練蛤蟆氣，外練筋骨皮」。

練功時若服用大力丸，效果更為顯著。

大力丸方：

酒全歸	四兩	兔絲餅	四兩
枸杞	四兩	虎骨（炙酥前脛）	四兩
酒川牛膝	四兩	炒蒺藜	一兩
續斷	四兩	補骨脂鹽水炒	四兩
魚膠	四兩	黃芪（蜜炙）	八兩

以上十味研為細末，加蜜熬成水劑，每次服三錢。練功前用黃酒吞下，開水吞服也可。

三十三、穿簾功

穿簾功是輕功的一種,主要練縱身平躍,其勢如飛燕穿簾,故有此名。穿簾功與雜技中的躍火圈、鑽刀門的練法是同樣的。

穿簾功的練習比較難,非有吃苦耐勞精神不可。練習可分幾步。

第一步練躍平臺。先在地面搭一座高二丈、大如桌面的高架平臺,另置梯子可供上下。高架平臺前挖一大坑,深三尺,長三丈,寬一丈。坑中鋪滿黃沙。坑四角各埋一木椿,將一個與沙坑同樣大小的紗繩粗網固定在椿上,網高於沙面二尺。沙坑與大網均為保護手段,切不可粗製濫造。練者在高架上併足立正,然後身體下蹲,兩手上舉,向下、向後擺動後再上舉,同時雙足猛力一蹬,人即向前躍出。這個動作

穿簾功

要求頭朝前，身體保持水平狀，極力向前躥。落地時應先以手撐網做前滾翻後再起立。

待在高架上能平躥落地時，可練第二步功夫。在沙坑前三尺處置一木架，架上橫一根橫杆，高約三尺。練者在杆前兩丈處起跑，到杆前雙足猛蹬，身體呈平直平躥過杆。

第三步改杆為板，初時板寬一尺，也依上法練習。當能平躥過板時，再在原板旁加一塊寬半尺的木板。如此再穿再加，直至木板加到三尺寬為止。

躥杆容易躥板極難，而且每加一塊板，就對練者的彈跳力與躥行的速度提出了新的要求。當能平直躥過三尺寬的木板時，便可在板上加一木框，框內孔二尺見方，框邊厚半尺，第四步功夫即躥木框。

練者依上法練習。此時不但要求練者彈跳力足、速度快、身體平直度理想，而且要求判斷準確，要恰恰從框中躥出，當一框能輕而易舉地躥過時，便可再加一框（距原框半尺處），直加至七個框子為止。

若能在七個框中一躥而過，便可在框內四周插以尖刀，僅留容一身可過的空隙。練到此步，穿簾功便算大成了。如此練習至少需五年時間。

穿簾功練成之後，其身輕如燕，不但行走迅速，而且視躥牆越澗為常事，即使只有尺餘洞穴，也能平躥而出。

三十四、龍爪功（鷹爪功）

龍爪功專練五指的扣勁，此功與石荸薺功相仿，是擒拿與點穴的基本功。

練龍爪功須先置一陶罐，罐口大小以五指能張開扣著為宜。初時，以指扣著罐口將空罐提起，提起次數不限。力疲而止。

左右手輪流練習。當一手將空罐提起五十次後，每半月往罐中加清水一碗。

每日行功三遍，每遍抓不得少於五十次。當罐中水滿之後，改水為沙，也數日加沙一碗依法練習。以後再換沙為鐵砂。如能輕鬆地將裝滿鐵砂的罐提起，則第一步功夫就成了。

此時五指扣抓之力已有幾百斤，如點穴擒拿無不應手制敵。第一

龍爪功

步功夫稱為陽勁。

第二步功夫練陰勁。即每日清晨在郊外林中馬步而站，出手以五指作抓物狀，意在五指指端，用力扣抓，手雖無物，而有千斤之感。兩手輪流練習，力疲而止。

一年之後，五指力倍增，第一步陽勁與第二步之陰勁已結合在一起了。陰陽之力相互補充，剛柔相濟，威力無比。當陰勁生而陽剛之力全退時，龍爪功便練成了。這樣大致需要三、四年的功夫。

練到此處功夫已非同小可，平日若臨空遙抓雞、抓鴨等，則能立刻置之於死地。若抓人，應手而獲。

三十五、 鐵牛功

鐵牛功是一種專練腹部力的硬氣功，同布袋功相仿，惟只用於防禦。此功又有開口鐵牛功與閉口鐵牛功之別。

練法：在床上盤膝而坐，雙手手指環按於腹上，然後鼓氣，使腹脹如鼓，雙手手指輕輕壓之按摩，先向左按三十六次，再向右按三十六次，左右各三十六次為一度，然後將氣排出，雙手各向左右按摩十八次，再行鼓氣。依上法十八次為止。每日行功兩次，功畢即以雙掌按摩腹部，時長日久腹部肌肉就會漸漸結實堅硬。

第二步練擊腹。練時人平躺硬床之上，腹部運氣後，以雙拳由輕而重擊打腹部。開始有輕微疼痛之感，日久則力漸增而疼痛漸輕，當雙拳猛力自捶也不感疼痛後，可請人擊

鐵牛功

腹，以拳、以掌均可。只是兩人務必配合默契，練者運氣後方可捶擊，待其吸氣時便停止不擊，以免有誤。直練到對方拳掌猛力擊來全然不覺時，方可換木錘練習。

　　木錘大如拳。其方法與上面相同，最後換以鐵錘練習，初時鐵錘擊腹如擊朽木橐橐作響，其後功力漸進，聲音也逐漸響亮，終於發出錚錚聲，如擊金玉，此時已有七八分功夫了。最後人臥硬床上，把石塊放在腹部，練者一呼一吸使石在腹上上下運動。開始石重五十斤，以後逐漸增加，直到腹壓三百斤巨石而能酣睡毫不苦楚，方算大功告成。

　　閉口鐵牛功指的是巨石壓腹時只能運氣而不能言語，否則內氣外泄將有生命危險。

　　開口鐵牛功指的是巨石壓腹而行若無事，可毫無異樣地談笑風生。開口鐵牛功內功要求極高，非常人可練。

　　練成鐵牛功後，其腹部之力極大，無論拳、械都不能傷，拳擊反傷拳，械擊能斷械。此功雖屬防禦之法，然練者如稍通拳理，便能借其拳來之力反擊使其自傷。

三十六、鷹翼功

　　鷹翼功專練兩臂肘關節向上鳧托之力。肘部力量比拳掌力量大，在近身短打中非常實用。

　　練鷹翼功先在地面置兩木椿，高出地面一丈，椿端用橫木連接成架。橫木上裝兩只滑輪，滑輪間距略寬於肩。另備沙包兩只，沙包每個重十五斤。然後用繩繫著沙包，吊在滑輪上，這樣沙包離地的高度可以自由調整。

　　初練時一般沙包離地三尺，當然練者可以視自己的身高調整。練者在架下馬步站立，把沙包調至肩下五寸處。然後兩肘將沙包抬起與肩平，兩拳置乳上側，拳面相對。然後用臂肘之力極力將沙包上抬，使其不受長繩牽引。練至兩臂酸痛無力時，可

鷹翼功

稍事休息後再練。

　　每日晨夕各練一次，每次以三十次為度。沙包重量宜逐漸加重，每月增加兩斤，一年後沙包就已增至四十斤。雙肘支頂沙包的時間也會由一分鐘漸增至六十分鐘。

　　之後可改練梟鳥之力。練者馬步站立，雙肘頂起沙包後，以肘臂之力把沙包上拋，初時用二十斤沙包，以後逐步增加重量。開始時只能將沙包拋起一二寸，以後能一下上拋二尺高。沙包落下後用肘頂著再拋，沙包每一階段加重五斤，直到能將五十斤重沙包上拋二尺，一氣連續拋五十次，則大功告成。鷹翼功分為頂和抬兩步，這兩步可一起練習，也可分開先後練習。

　　鷹翼功練成之後，其臂肘之力如鷹之翼，如著人身，能將人擲出丈外，其功效不亞於紙蓬功。以鷹翼功擲人，其力為活力，不致使人重傷，故較一指禪等絕手功更為可取。

三十七、陽光手

陽光手是一種練掌力的內功。其功力雖不及一指禪與井拳功，但也屬殺手功，且練法簡單，為武林中常見的武功。

陽光手的練習是對油燈出掌，掌不及燈，只以掌風擊滅燈焰。練者可在無風之室內置一盞油燈或蠟燭，燈焰長半寸，置於桌上。

練者離燈三尺，馬步站立，練時聚精會神，雙目凝視油燈或蠟燭，平呼平吸，氣沉丹田。兩掌輪流擊燈，力在掌根，待掌擊至盡處時用力呼氣，氣半從鼻出半入丹田。掌收回後可再呼氣。兩掌輪流擊燈，其間隔時間不可太短，以免呼吸急促。出掌要猛，但手臂不可完全伸直，伸直至九成時急速收回。

每次練習半小時。日日晨夕兩次行功，不可中斷，待一

陽光手

掌能將燈擊滅時，可向後退半步再練。以後漸練漸退，直至離燈八尺也能出掌擊滅燈焰為止。如此大約三年時間此功可成。

陽光手練成之後，實戰之中不必直接與敵交手，敵人如下盤不穩，在三尺之外即能將人一掌擊翻在地。

三十八、門襠功

門襠功是專練腎臟的武功。腎臟是人體重要器官，其外無骨骼保護，極易受傷。門襠功則專練腎臟的承受力。

門襠功的練習以練氣為主。

練者端坐在床上，兩腿交叉盤坐，腰正身直，兩手掌心向下置於膝部。雙目微閉，以目觀鼻，以鼻通心，排除任何雜念，平吸平呼。

吸氣時，運用全身氣力下注於丹田，並運氣力極力上提，使氣力上下往返周而復始。日行數次，不可急進。若行之過度，則氣傷神疲反而有害。

初時無異常之感，習之既久，每注氣於丹田時，腎臟與陰部則現堅實之狀。此時可在趺坐運氣的同時以兩掌拍打腎所在部位，用力由

門襠功

輕而重，平吸平呼，不可因手拍而散了內氣。

　　開始拍打時，腎部感到疼痛，久後則不覺疼痛。這時便可起身練習，在運氣於丹田後，以兩掌或拳拍打腎部，如無疼痛感，可讓人在背後以拳猛擊。直練至亦無痛感時，其功便成矣。此功為古傳，但練時宜慎重。

　　門襠功練成之後，兩腎充實如鐵，精力充沛，惟應在練功階段戒房事和慾望。

三十九、鐵珠袋功

鐵珠袋功是專練掤勁和指力的硬氣功，是擒拿點穴術的基本功之一。

鐵珠袋功可雙人練習，也可單人練習。先以粗布縫成一尺見方的布袋，袋中裝滿鐵珠。如初練袋中也可裝黃沙，只因黃沙較輕，裝滿布袋也不過十餘斤，布袋飽滿不易抓著。而鐵砂棱角容易刺破布袋，故練此功最好用鐵珠。開始練的鐵珠袋可重七斤至十斤，以後可逐步加重。

雙人練法：

兩人側身相對而立，相距三丈。上手之人先抓住珠袋中央，將袋舉至右肩胛前，向右側面用力扔出。

下手之人應先側身避過珠袋，待珠袋飛到左肩胛處時，方可舉手去接。接時要抓著珠袋中央。此時步子必須站穩，

鐵珠袋功

身子不可搖晃。接穩以後，不可停頓，宜速扔出。

上手之人亦照此法接住。

二人來回擲數十次，可改用左手練習。二人對練，身材、力量必須大致相同。如雙方差距太大，則強者擲出之力既大，飛出距離又遠，弱者恐怕難以接擲。即使勉強接住，身隨袋轉也易受傷。

初學者不可貪功而用重珠袋，如果平時能舉二十斤之物，所用珠袋不可超過十斤。一則擲袋的力量比提物的力量小，動作難度大，二則練功宜循序漸進。三個月後，可將十斤重珠袋加重一斤。又三個月，再加重一斤。如此直增至五、六十斤為止。不懈練習大致四年可以成功。

雙人對練應注意幾點：

其一，提擲時宜用掖勁發袋，使袋依肩平行飛出，切勿作摔物和擲物狀。

其二，接袋時宜先讓過胸前，然後從後面抓著袋中央，乘勢掖出。切忌迎頭捉接或抓接袋邊、袋角，這樣手腕、手指極易受傷。

其三，練者不論作何勢擲袋必須站穩腳跟，全身皆宜用力。否則身體搖晃，影響發力。接者如腳步虛軟，身段不實，則會身隨袋旋。

單人練法：

將珠袋從身後左下方向上方拋出，袋從右肩前落下，仍以左手接著再拋，力盡可換右手練習。也可將袋向上擲出，越高越好，待其下落時，從上面用手將袋抓著。

珠袋下落時衝力很大，初練者不易抓住。應先練從下面接珠袋。當珠袋即將觸到手掌時，手掌立即隨之一同下落，

待緩衝後再接。這樣一則可以減輕珠袋對手掌的直接撞擊；二則可熟悉和掌握珠袋下落的速度，增強手感。以便以後能不失時機地抓著珠袋。待從上面抓珠袋也練得精熟後，可做進一步的練習。

練法：將珠袋向上拋擲，待珠袋落下與胸平時，先以一掌從上向下擊珠袋，並急速從上向下將珠袋抓著。此時手法必須更加的敏捷。

練時應注意不要在擊袋的同時去抓珠袋，擊和抓兩個動作要分開進行，間隔時間越長難度就越大。

此功練成之後，兩臂之力與手指抓力皆大於常人，能一掌擲人於十步之外，若通曉點穴、擒拿術，則能以輕巧的指法使強敵束手就擒。在交手中實用性較大。

四十、揭諦功

揭諦功又稱毯子功，是我國武術中跌打的基本功。是以跌為主要練法的硬氣功。它有這樣幾項基本內容：搶背、倒跟頭、虎跳、加冠、小翻、鯉魚打挺、撲虎、栽碑、盤腿跌等。具體練法如下：

搶背：右腳在前，略屈膝，左腳在後。右手握拳屈肘上舉。左拳屈肘放於腰前。上體向前捲體傾倒，右腳蹬地，左腳擺起。以背部肩胛處著地，兩腿屈膝，順勢向前滾翻。

倒跟頭：兩腿開膝、全蹲，兩手撐地。上身捲體向後倒下，以背著地滾翻。然後兩手向後撐地，兩腿後伸。兩腿落地後，兩手推地立起。

虎跳：左臂側平舉，手心朝下。右臂上舉，手心朝左。右腳抬起，向右側斜落地，上

揭諦功

身也向右屈倒。左腳擺起，右腳蹬地，兩手向地上落下撐著。形成開腿的一手倒立姿勢。左腳在左手側面落地，右手落地。右腳在右手側面落地，左手離地後上身直立。

加冠：左腳在前，右腳在後，兩臂上舉，手心朝前。上身前倒，兩手撐地，左腳蹬地，右腳向後上方擺起，形成倒立姿勢。兩腳向前翻下落地，膝部向前送，重心前移。兩手推地，上身直立站起。

小翻：立正後兩臂經身前上舉，手心朝前。上身向後屈腰倒下，兩手隨後後伸。上身繼續下彎，兩腳蹬地，兩手撐地，形成屈體倒立姿勢。兩腿翻過來，屈腰。兩腳落地，同時兩手推地立起。

鯉魚打挺：仰臥，以背著地，兩腿舉起向頭後伸直，膝部接近前額。兩手分放在兩大腿上。然後兩腿用力向後蹬出，同時兩手幫助推腿、挺腹、仰頭騰空而起，像鯉魚打挺一般而得名。

撲虎：兩腿屈膝下蹲，兩臂向後下方伸，手心向上，兩腳蹬地，隨蹬地動作兩臂向前擺至前下方，手心向下，兩手著地，隨之胸、腹、大腿依次落地。動作很像魚躍。

栽碑：立正，直體向前栽倒。在將要倒地時，迅速屈肘用兩手撐地，形成俯臥撐式。

盤腿跌：兩腿分開，左腿屈膝，右腿伸直，兩臂左側平舉。兩臂下落向右上方擺動，同時左腳也向上方擺起，右腳也隨之蹬地躍起。在空中，左腿屈膝，上身向左側傾，從空中以側臥姿勢跌下，兩臂屈肘。

揭諦功跌撲之法各家拳派各有不同，但訓練的目的則一樣。跌撲功精熟後，可化險為夷以跌撲之法反敗為勝。

四十一、龜背功

龜背功專練背部骨骼肌肉，屬防禦性的硬氣功。

人的背部包括脊椎骨、肋骨和腰部，骨硬而腰軟，要將背部骨肉練成硬如龜背頗為不易。

龜背功須從頸項以下至尾閭，各部都須練到。凡練龜背功者，每日起臥之前，先盤膝而坐。瞑目養氣，調呼吸，靜心凝神。以兩手緊按後腰，各先向內按摩三十六次，再向外按摩三十六次。如此稱為一轉。手心按摩一轉之後，再以指骨按摩。

其練法：拇指扣著食、中二指第一節指背，中、食二指彎屈。用中指第三骨節突出處，環扣腰部軟處。兩手各扣三百六

龜背功

十次。扣畢復按，一轉後再扣，如此扣摩三次兩功畢。

　　每次一扣一轉都需記著次數，不能模糊不清。因為練者瞑目練氣時要求萬念俱靜，眼「觀」鼻，鼻「觀」心，惟記數字以養內氣。如此每天行功兩次，兩年以後，腰部自實。

　　第二步便練捶擊法。先置一軟木槌，槌大如拳，用古藤作柄，練習時人坐床上或凳子上，一手握槌在背部上下左右輕輕擊打。練者瞑目運氣於兩腎處。初練時用力要小，但不能有一處遺漏，以後逐漸加重。

　　練完後，應貼身穿上鐵馬甲。馬甲用蛋大圓鐵片串接而成，只有背而無前襟，用繩繫在肩胸之間，平時行動睡眠不要除去，以補捶擊之不周。晚上睡覺要平臥在硬板床上，下面不要墊棉絮。這樣每天練習不輟。

　　軟木槌逐漸換成硬木槌、鐵錘，鐵馬甲也由輕而重。五年後，可請人執鐵錘擊背，力由輕而重。如能在重擊下也不感覺疼時，龜背功就算練成了。

　　龜背功是硬功的一種，而要練成此功，又必須有內功，即靜心凝神，氣貫腰肋，精神集中。以意生神，以神使氣，以氣生力，內實外堅。否則外實而內虛反而對身體有害。此功是上乘少林功夫，除一指禪、井拳功外皆不可破。

四十二、躥縱術

躥縱術是專練跨越的輕功。其功與超距功有相同之處，只是前者練上跳，後者練橫跳而已。

躥縱術

躥縱術練習之初，以鉛塊縛於小腿、手臂及負於背上，總重十斤。練者先在郊外的田野、丘嶺處奔走。初練速度不必太快。使身體適應負重條件後再講究速度。

初練可跑一段走一段，以後可跑全程。每次跑行需在五公里以上。隨著身體的適應，身上所帶之鉛塊也應逐漸加重，直至二十斤為止，此時跑步要講究速度，越快越好。

一年以後，可練習跑磚。所謂跑磚是輕身之法，將常用的磚塊豎直排於地面成一條直線，長達十丈，練者身

負二十斤鉛塊從其一端跑向另一端。初練時腳到磚倒，以後漸漸不再晃動，此時便可練快速跑，直練至能隨意而行為止。接著練習直膝上跳。

其練法：練者自然站立，兩腳蹬直，不可彎曲。然後彎腰擺動兩臂，腳掌蹬地向上直躍，身上所負重物不可卸去。初練時只能離地數寸，直練至能離地二尺。此時若卸去重物，屈膝彎腰而跳，便能一躍躍上六尺。

之後練習跨越功夫。練前在地上挖一條寬五尺、深尺餘的溝，練者帶鉛塊從溝邊跑步近溝，雙足蹬地，飛身過溝。其勢類似於現在的跳遠。每日練習不輟，溝也逐日加寬。直練至溝寬一丈三尺也能一躍而過時，此功便算大成了。

躥縱術練成之後，身輕步穩，跳牆跨溝視為易事。此功練習艱難，非八年苦功不可。

四十三、輕身功

輕身功是輕功的基本功。

此功練習之初是從走缸沿開始。置一七石巨缸，缸中注滿清水，此時缸重千斤。

輕身功

練者腳踩缸沿繞缸環行。開始空身行走，熟練後便在身上綁鉛塊或背負鐵砂，初時半斤。以後每隔半月將缸中之水取去一大瓢，身上鐵砂也逐漸增加，當缸中水取盡，背負十五斤鐵砂也能在缸沿行走自如而缸不搖晃時，便可接著練走栲栳。

取一直徑五尺的大栲栳（用柳條編成的容器，形狀像斗，也叫笆斗），其中裝滿鐵砂。練者背負鉛塊在栲栳邊上行走。每半月即將鐵砂取去五斤，而將背上鉛塊增加數兩。直練至

能在空栲栳邊上穩步行走為止。此時輕功已有一定根基。

最後練習走沙，在空曠之處鋪一條厚尺餘、寬三尺的沙通道，長三十丈。沙道用半寸厚桑皮紙覆蓋，練習從一端走至另一端。開始練時難免留下腳印。

練者每日兩次行功，每次一二小時。每隔五日將沙道翻一次。當練到一定程度時，便每日取去一張桑紙，桑紙越薄，對練者要求也越高。依此法不懈練習，直至取走最後一張桑紙。人行沙上，而沙不揚，又不留任何蛛絲馬跡，此時方算大功告成。要練成此功，非有四五年的耐心磨練不可。

此功成後，其身輕如蝶燕，可任意穿行而不留痕跡。古時有踏雪無痕之說，實非虛言。

四十四、鐵膝功

　　鐵膝功是專練兩膝打擊力與防禦力的硬氣功。膝蓋擊人爆發力大，隱蔽性強，尤其在貼身近戰中往往使用膝擊。膝蓋外部無肌肉與脂肪保護，易被擊傷。因此，鐵膝功練成後，既可增加進攻力，又可進行有效的防禦。

　　鐵膝功練法十分簡單，練者先置軟木槌、硬木槌、鐵錘各兩把。木槌用軟藤作柄，取其軟硬相兼之性。

　　練時在床上盤腿而坐，正腰挺胸，左右手各執軟木槌一柄，輕輕叩打裸露的膝蓋，擊七十二次後乃止。然後以掌心按摩膝蓋，先由外向內按摩三十六次，再由內向外按摩三十六次，交替進行六輪。

　　初練時不必用力，只須雙腕抖動，只靠藤

鐵膝功

柄的彈力，輕輕擊打兩膝。如此每日起臥之時各行一次，三個月後，改用拳擊。

雙拳緊握，擊打膝蓋，力氣由輕而重。依上法練習半小時後，即以掌心按摩，其法同上。

三個月後，改用硬木槌，方法相同，只是擊打後須用掌心按摩九輪方可。

一年後，改用鐵槌擊之，方法也同上。鐵槌初重半斤，逐漸換成一斤，擊打的力量也應逐漸加大。再一年後即可成功。

鐵膝功練成後兩膝堅硬異常，渾如鐵鑄。若用雙膝施以攻擊，則對方無有不應膝而倒者。

四十五、 超距功

超距功又名跳躍法，專練跳高的能力。一般人併足上跳不過三尺，而有此功者能跳六尺，非常人能為，故名超距功。

超距功

練此功前，先在地上挖一深二尺、直徑三尺的一大圓坑。練者雙腳縛鐵沙袋，併足立於坑底，然後膝彎屈，兩手後擺，鼓氣一躍而上。

練者直至力盡而止，但每次至少不得少於半小時，以後逐漸增至一小時。每隔半月，將坑挖深一寸，腳上鐵沙也加重一兩。漸漸躍上的難度也越來越大。當坑深三尺時，難度已相當大，此時不可按慣例每半月加深一寸，要視實際情況而定。

每日兩次練習，不可中斷。直至身綁鐵沙

能躍出六尺深坑，此功大成。此時卸去鐵沙，屈膝可上跳七尺。

　　此功練成後，遇有高牆阻擋，只須鼓氣作勢便能邁越而過。練成此功大約要五年時間。

四十六、摩擦術

　　摩擦術是專練手掌、手指的硬氣功練習，此功練習簡易，是擒拿點穴的基本功。

摩擦術

　　練法：練者每日清晨起床，面向東方，立於一空曠場地上。身體正直，閉目藏舌，凝神靜氣，兩手掌相合，掌心相互摩擦二十次。然後將右掌心貼胸膛，左掌心貼脊背，前後兩掌相對循環按摩三十六次。再將右掌貼脊背處，左掌貼胸膛，也循環按摩三十六次。按摩時切忌開口吐氣，從鼻孔呼吸，向胸膛運送。

　　如此久練，胸中自覺有一團精氣浮動如球。待球起時，將氣緩緩向兩臂運送，直抵掌根指尖。運氣之法練畢，即可練插豆箱。

　　箱為木製，呈長方

形，高尺餘，長三尺，寬尺半。箱中盛滿綠豆。練時將箱子置巨石或板凳上。練者馬步而立，兩掌手指朝下，掌心相對，輪流插入豆箱。所插之數可多可少，均視練者功力而定。但每天所插次數需增五次。

當第一天能插一百次時，第二天須增至一百零五次。插時要求一掌插下，手指觸及木箱底。當一次能插二十分鐘時，倒掉綠豆，換上赤豆，仍依上法練習。待一次能插二十分鐘時，可棄赤豆而換鐵珠。最後換成鐵砂。如此練習，兩掌指力漸增，大約三年可以成功。

練者在行功中手指極易受損，可用當歸、艾葉、蔥頭、地骨皮煎湯浸洗。當尺深鐵砂能一掌貫底時，此功大成。若以這種手法攻人，可一指洞穿肺腑。

四十七、石柱功

石柱功是專練胸部力量的硬氣功。有石柱功的人下盤異常穩固，地上一站，猶如銅澆鐵鑄一般，一般人休想推動分毫。

石柱功

石柱功練習方法很簡單，可分為兩步。

第一步：馬步站椿。馬步是武術中的基本動作，要求兩腿彎屈，大腿面與地面平行。上身挺直，含胸拔背；頭部上頂，目視前方。兩手向前平伸，兩掌掌心向前呈立掌勢；用力直達掌根指尖。初時每次只能站半分鐘，以後逐漸增加。每次站椿的時間越短，就要求練功次數越多。以後隨著站椿時間的增長次數也逐步減少。直練至能站兩個小時而

不搖晃，則地面功夫已成。

第二步：先在地上埋下兩根木樁，樁高二尺，徑粗約三寸。練者兩前腳掌著樁端，依上法站馬步樁，這時雙腳掌要承受全身的重量，難度要大大高於在地面站樁。初時身體搖搖晃晃，片刻間就要從樁上跌下，但日日苦練不輟，最終也能在樁上連續站一兩個小時。這時可以千斤石負重練習。

所謂千斤石是一種器械，其實並無千斤之重，它呈長方形，重約二十、三十、五十斤不等。石頭兩端有耳，便於用手提攜或移動。

練者開始可用二十斤，以後逐漸換成三十、五十斤，直至二百五十斤為止。每次站樁時間應在一小時以上。當二百五十斤石壓在腿面仍能站兩小時而身不搖不晃，石柱功便算大成了。

石樁功練成之後，兩腿之力實有千斤。往地上一站如入地生根，穩如泰山。然而要想成就石柱功必須要下常人不能忍受的苦功，一般練者只滿足於地面站樁，因此真正能練成石柱功者並不多。

四十八、鐵砂掌

鐵砂掌又名黑砂手，是專練手掌的武功。鐵砂掌在練習時講究運氣以助內壯，外靠藥力，因此掌上力量非凡。

鐵砂掌

練鐵砂掌之前先用陳酒五斤，人中白十斤，白醋十斤入鍋內拌和煎湯，每次熬一小時，共煎四次。當上藥用文火熬煉得稍濃時傾入鐵盆裡，用木杵搗成泥狀。再以分量相等的細鐵砂拌和，盛在布袋裡，放在一堅固的桌子上，練者每日晨夕兩次運掌拍打。練者馬步站立，緩緩呼吸，運力於掌間。

此功可練單掌也可練雙掌，練時注意運氣。開始時手掌青腫，皮膚脫落，其苦萬分，因此練後須以藥水洗手，可以消毒去腫，強筋壯骨。如此苦練三

年，此功可成。

鐵砂掌練成之後不可輕易出掌，掌擊之下，中者不亡則傷，非秘方不可救。

鐵砂掌洗手藥秘方：

胡蜂窩	一個	桂枝	四兩
柴胡	三兩	象皮	四兩
鷹爪	一副	生半夏	三兩
槐枝	四兩	水仙花頭	四兩
草麝香	二兩	大浮萍	二十二個
瓦花	二兩	乳香	三兩
蔥薑	各斤半	大刀根	四兩
川烏	四兩	自然銅	二兩
篦麻子	三兩	五加皮	四兩
黃芪	四兩	覆盆子	二兩
槐花	二兩	金櫻子	二兩
紅花	六兩	車前子	三兩
油鬆節	十個	馬鞭花	二兩
巨藤子	二兩	梧桐花	四兩
蛇床子	三兩	皮硝	四兩
白石榴皮	二兩	核桃皮	五兩
穿山甲	三兩	白鳳仙花	二十一個
五龍爪	四兩		

上藥共煎。

篦子	二兩	青鹽	半斤
巴山虎	三兩	還魂草	二兩
地骨皮	二兩	白鮮皮	四兩

虎骨草	四兩	木爪	二十個
過山龍	四兩	鬧羊花	五兩
牛膝	二兩	虎骨	二兩
草烏	四兩	麻黃	三兩
南星	三兩	鈎藤	四兩
松蒿皮	半斤	原醋	二十斤
兔香手	二兩	款冬花	五兩
沒藥	三兩	四紅草	半斤
落得打	四兩	八仙草	三兩

以上數十味藥用清水煎湯泌汁，傾入缸內，每次行功後洗手一次。

鐵砂掌雖屬硬功，但練功中藥力浸入肌膚，拍打後如不用上方洗手，數日後皮膚即浮腫潰爛。用此法洗手遂可借助藥力使皮肉堅實，成為毒手。凡中此掌者，須以秘方救之。否則身亡。

療鐵砂掌傷秘方：

傷頭部：

藁本、白朮、防風各三錢，自然銅少許，加落葉桂枝為引，用童便煎服，服後忌風。

傷頂門：

依上方去自然銅一味，加青皮三錢，服法同上。

傷胸部：

依上方去青皮，加鬱金、滑石（水飛）各三錢，服法同上。

傷腿部：

依上方，加淮牛膝五錢，海桐皮二錢，服法同上。

傷腎部：

依上方，去淮牛膝、海桐皮，加骨碎補五錢，服法同上。

傷兩肋：

用第二方加自然銅，服法同上。

傷兩股：

依上方，加杜仲（去膠）三錢，烏藥三錢，服法同上。

周身重傷：

用大螃蟹一隻，連殼搗爛，和陳酒隔水煨滾，沖蟹汁，服至一醉，醒後服七厘散即癒。

四十九、達摩渡江

達摩渡江又名一線穿，也稱水上飛行術，為輕功的一種，能憑借地面柔嫩之物如水面浮萍之類前進。相傳昔日達

摩在南方傳道已畢，隻身北去，路遇一江無船可渡，遂折江邊一葦，拋入江中，輕身踏葦過江。故後人以達摩渡江這一傳說命名此功。

達摩渡江的初步練法，與一般輕功初練時相同。即腳綁鉛塊走平地，跑山路。之後練習在裝滿石塊的大栲栳上行走，直練到能在搬去石塊的空栲栳上穩步環行後，便可練腳上行走功夫（以上各法在輕功介紹中已有詳細說明）。

腳上所帶鉛塊宜先用豬血處理。初時每隻腳上綁四兩，以後逐步加重至五斤。平日常以

達摩渡江

藥洗腳以防損傷。沙道行走過之後，則用三四寸厚棉紙鋪在沙上，直練至人行其上而不留腳印時，第一步功夫已畢。

第二步，先以細長圓木兩端繫繩吊在樹上，高於地面二尺。練者在圓木上來回行走，然後在地上豎起兩個木架，相隔距離三丈，把粗繩拉直然後繫在架上，人在繩上做行走練習。此時用力於腳前掌，兩手左右擺動以保持平衡。

開始時人行其上，粗繩吃重而下宕，繩索左右晃動，練者肯定會從繩上跌下。直練至人行繩索上如走平地，則可將粗繩放鬆。這時人若立繩上更非易事，但每日苦練不輟，即可在繩上行走如飛而繩不動分毫。

最後換上粗不及手指的棉索，若也能達到如上功夫，則其功已成九分。最後把一根棉索懸於河上，兩端繫在岸邊樹上，棉索要貼於水面，若能在此棉索上快步行走而不跌倒入水，算完成全功。

達摩渡江功練成之後，可憑借菱荷、竹葦在水面橫行自如。此功為上乘輕功，非十餘年苦功不可得。

五十、斂陰功

斂陰功是內功的一種，是練習上提睪丸的一種防禦性武功。

斂陽功

斂陰功練法簡單，全靠運用內氣，故不可急於求成，否則易傷身體。

練者可選一清淨之境席地而坐，也可在床上或凳上練習。練時端坐在椅子上，頭正身直，兩手自然下垂，放於膝上；或兩腿相盤而坐，右手掌心朝上托住左手背，左手自然握攏。練時須摒棄一切雜念，以眼觀鼻，以鼻觀心，先將呼吸調勻，然後運氣於全身。

吸氣之後下注丹田，然後運氣極力上提，使氣上下往回，周而復始。日行數次，不可貪功。若行之過度，

則氣傷神疲反而有害。

　　初時無異常感覺，練習既久，每注氣於丹田時，陰囊漲起如球；用氣力上提時，則睪丸亦漸隨之活動，終而至於隨氣力而吸斂於腹內，外面僅留其囊。此功非五年時間不能成。

　　斂陰功練成之後，可有效地對付敵方的撩陰法。而且有此功的人兩腎自然充實。可稱實戰、養身兩全之法。

五十一、空手入白刃

　　空手入白刃是一種軟功。有人認為此功是無稽之談，其實是一種誤解。空手入白刃並不是刀槍不入，而是敏捷的眼法與靈活的身法緊密相結合的一種躲閃術，意在躲避刀槍之襲。

　　空手入白刃的練法頗費工夫，需練眼法、身法、步法。這三法的練習包括單練、合練兩個階段。

　　各種單練法如下：

眼法的練習：

　　練者每日清晨在郊外遠眺，靜心凝神，仔細觀察遠處的一切。要仔細分辨瞬間的動和靜。然後練數物，開始可數窗外鄰屋之瓦塊。這時不求速但求准，要一塊不漏地數清，以後逐步加快速度。當練至能在瞬間數清瓦片時，便可練數石

空手入白刃

子。

先在院中放一堆小石子，人坐椅子上，隨手抓一把石子撒下，立即數清其數。如此再撒再數，石子的數量要由少增多，撒開的範圍要由小增大。當練至能一下數清二尺見方範圍內的石子時，便可練習數動物。

可先數場上的雞群或河中鴨群。活動之物或前或後、或左或右移動不定，要數清需要一定的時間。當練至一眼數清雞鴨之數時，可練數集結之物。

數集結之物，選擇的動物要先大後小，初以麻雀趕入籠中，要即刻數清其數。然後再數蜻蜓、螞蟻。當能一下子數清三尺外千餘隻螞蟻群時，眼法的練習便算完成了。

身法：

在十五丈見方的空地上無規則地埋入長短不一的竹樁和木樁。樁立地面有高有低，高可過頭，低可過膝。練者在樁叢裡先直行再橫行，爾後練蛇行，前後穿行。當練者在樁叢中急速走動而不碰樁時，可在樁上掛小橫枝，枝上掛小鈴。樁上橫枝有長有短。穿行中速度要快，又不能碰響鈴鐺。此法練習大致需一年時間。

步法的練習，可參照梅花樁的練法。

眼、身、步法的綜合練習可將練身法的場地加以改動練習。地上可任意用石灰畫上圓圈，代表低凹陷坑，兩樁之間可加荊棘，高低自由選擇。這時練者從場地一角進入樁叢，在樁叢中穿行，要從各樁間逐一走遍。

初時速度可慢，但每次行走線路不可一致，或左或右，或前或後，如蛇遊林間，蝶入花叢。如此熟練後，可將樁叢重新布置，二樁間距縮在一尺之內，加多石灰圈，荊棘，橫

枝，鈴鐺。練者在其中行走速度也要加快。

　　樁叢的練習完成之後，可令十餘人手持棍棒擊打練者，練者可在場中穿行極力躲閃。棍棒應有長有短，場子也要有一定界限，四周以線標明，持棒者和練者均不可出線。練者若能在半小時內不被擊中，空手入白刃功可謂大成。

　　空手入白刃是一種上乘武功，在刀槍叢中如入無人之境，能力敵百餘人而不中一擊。此功非十年苦功不可成。

五十二、 飛行功

飛行功是專練行走的一種輕功。其練法較易。實用性強，是武林中常見的武功。

練飛行功前須在身上穿沙衣，腿上綁鉛塊。開始時負重十斤，然後先在地上練習。飛行功主要是練行走的速度。初時可跑一段走一段，待身體適應後跑的距離加長一些。

飛行功練的是耐力，不像躥縱術練爆發力，因此每日行走的距離要長，開始一次跑二三十里，以後逐步加長距離。身上的重物也應逐漸加重，每次加的重量不必太重，最後加重至三十斤為止。

當四十里平地能一氣跑完時，便練跑山路。山路可擇坡度不大者。適應後可在荒山無

飛行功

路處練習。最後練爬懸崖。懸崖一般多樹，此時要靠手臂之力攀登。直練至從懸崖處上山，從山坡跑步下山毫不費力時，此功已得了八成。此時若卸去重負，即在崎嶇山道間也能如履平地，快捷如飛。接著要練夜行眼力，即慧眼功（練法可參看慧眼功）。此功練成後，即使夜間行走也同白晝無異。

　　飛行功練成後，可日行數百里不覺疲勞，而且行走時身體輕盈，快疾如風。

五十三、 五毒手

五毒手又名五雷掌，是一種練掌的武功。由於在練時取五毒蟲和入泥中而練，故以五毒為名。

練此功前須先預備清明時節河底泥土二十斤。此泥俗稱泥中土，即夾底之泥，泥色黃白。泥土先放在砂缸裡，到五月端午時，泥土已經乾燥。這時可取赤蛇、壁虎、蜘蛛、癩蛤蟆、蜈蚣各一隻，放入泥土中用杵搗爛。再用鐵砂、白醋各十斤，燒酒五斤，青銅砂二斤，在泥中攪勻搗實，然後鑄成長方體。將泥塊放在一堅實的桌面上，每天晨昏用兩掌拍打，力盡而止。也有為防誤傷只練左手者。

拍打時掌根、掌心均要練到。用力應由輕而重，不可急於求成。

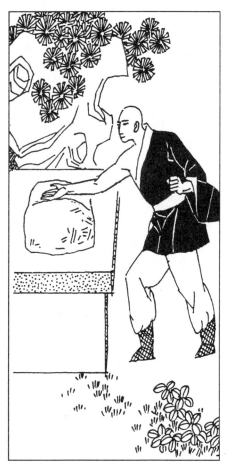

五毒手

如此每日練功不輟，三年後掌力自然非凡，而泥中藥力也浸入掌中，殺傷力更是非同小可。

五毒手擊人不但憑掌力，更是憑藥力，因此一旦出手傷人則無藥可救。故擁有此功的人須謹慎行事，以武德為重，不可輕易出掌傷人。

為防行功過程中自傷，可在行功後以藥湯洗手，藥方如下：

華水蟲	一兩	防 風	三錢
乾 薑	一兩	黑芝麻	二錢
斑毛蟲	五兩	硇 砂	五錢
歸 尾	二錢	（氯化銨）	
紅 花	一錢	銀 花	二錢
白蒺藜	三錢	川 連	八分
黃 柏	一錢	元 參	八分
北細辛	三錢	石 灰	八兩
白 朮	二錢	荊 芥	三錢
側 柏	一兩	白蘚皮	三錢
打屁蟲	五錢	白 信	一錢
紅娘子	五錢	陽起石	二錢
鐵 砂	四兩	小牙皂	二錢
蜈 蚣	二條	指天椒	八兩

以上二十七味藥除鐵砂外入鍋炒紅，後放入鐵砂、石灰四兩，用水煎汁洗滌，洗三日另煎。

五十四、 分水功

分水功專練兩臂及手掌之力。

練功之前，先在地上埋入粗木樁兩根，入土三尺，高出地面七尺，兩樁相距丈餘。另擇手指粗的細竹幾百枝，每枝高六尺餘，斬頭去根，除掉枝杈，然後將竹竿用鐵絲編成竹牆固定在二樁之間。鐵絲縛上下兩道，竹牆則平直一排即可。

分水功

練者立於竹牆前，出兩掌盡力向竹縫中插入。初練指不能進，久練手掌則能穿入竹牆。練到熟練時用力將兩掌外分，盡力使竹竿向外彎屈，竹為柔韌之物，雖排列緊密，若遇硬物插入便能生縫，若以強力外分也會張口。每日早晚二次練習。

幾年後，如果兩臂朝外一分，竹牆便現尺

餘缺口，人可以從竹牆穿出。此時可將細竹改為碗口大毛竹，也依法編成竹牆，練習方法相同。當兩掌用力能分開尺餘缺口時，便在牆兩端各增設一根粗竹。每加竹一根，其兩臂之力就增加百餘斤。當置毛竹三十根也能出掌將其分開尺餘缺口時，此功已成。

更有甚者，在空曠之處以細沙壘牆，兩掌插入向外分開，沙牆出現一洞而牆不倒。此為分水功之上乘功夫，已入爐火純青之境。

分水功練成後兩臂之力有千斤之餘，以此功對敵，兩臂揮出如渾鐵大棍，縱有千軍萬馬也奈何不得。

五十五、飛簷走壁法

飛簷走壁法又名橫排八步，是輕功的一種，專練飛高去遠。

此功練前，先用內貯鐵砂的四只布袋縛在兩前臂與兩腿上。每日晨夕練習橫跑牆壁。擇一二丈高牆一堵，先在牆一側五丈外站定，然後向牆迅跑，近牆時則側轉身以腳踏牆，在牆上橫跑，借助衝力，開始可在牆上橫跑二三步，最多也不過三四步便從牆上跌下。當從左側向牆橫跑時，落地時用右足，使身體側轉為立正，從右側橫跑則相反。

每日堅持跑牆數十次，每隔一定時間，便往袋中加一些鐵砂。布袋中的鐵砂須先用豬血浸泡，初時鐵砂袋可輕

飛簷走壁法

些。加鐵砂後使身體負重增加，而步數不減。一年後，橫跑四五步已不成問題，又一年便可橫跑八步。八步計長度大致為一丈六尺，此時身體已能橫空。

第二步，練習從牆根向上斜跑，初時幾步，後能斜上八步，此時鐵砂也漸增至十二斤。

第三步，練站立之法。斜上八步後仍不能在牆頂站穩，這時可用搖臂法使身體向牆頂方向晃動，借力使身體站穩，這時可用搖臂法使身體向牆頂方向晃動，借力使身體站穩。朝左跑則晃右臂，朝右跑則晃左臂。一年後便能立穩。這時便可漸漸縮短助跑距離，直至跑幾步便能搖身上牆為止。

此功大約需五年時間才能有效。

五十六、翻騰術

　　翻騰術是一種輕功，此功練成後，凡有可攀援之處都能隨意升降騰挪。

　　要練翻騰術，必須先在地面練習各種柔身術（詳見柔骨功）。待腰腿練得柔軟有力後，可在單槓上練習。單槓可用鐵杆，也可用有彈性的堅固木杆，杆粗寸餘，高七尺。

　　練者身體上縱，雙手握槓，以手臂、手腕之力引身體徐徐上升，初時能上升至與胸齊，反覆練習後便能使槓與小腹平。待練習熟練自如，一次能升降五十次時，可接著練習風車。

　　風車的練習法是雙手握槓，腰腹用力使身體向後方飛起，向後旋轉，轉時手臂不可彎曲。身體朝後飛轉十幾

翻騰術

次後，再向前飛轉十幾次。練飛車時不可貪多，以免力竭摔傷。當練至每次反飛能旋五十圈後，便可進行下一步功的練習。

單槓的練習旨在增加臂力和腰腹力，然而單槓硬直，所用之力是死力。單有此功不能附軟物升降騰挪。接下來要練習柔力，學會借力與發力。

柔軟之力的練習要借助於軟槓。軟槓的式樣如同現在爬繩的架子。在地上豎兩根高三丈的木柱，下部埋實。木柱間距三丈，上端有堅固的橫樑連接。橫樑上每隔二尺裝一鐵環，環下繫二丈長皮繩或寸餘粗的棕繩。軟柱的練法是先練爬法，繼續橫行法，再練穿法。

爬法：

練者從左邊的皮繩起，一手抓一根皮繩，左手著力則右手向上抓握，右手著力則左手向上抓握，如此左、右手交替抓握攀爬。至頂端後再依法下降。然後再向右依法練習，直到練完最右邊一根繩子為止。

每日練功三次，每次攀爬三個來回。起初速度可慢一些，以後要漸漸加速，中間不能停頓。當能一口氣爬來回三次時，便可練習橫行法了。

橫行法：

練者先用攀爬法爬上左邊的皮繩，到達頂端時，右手放開第二根皮繩，抓著第三根皮繩，接著左手抓著第二根皮繩下爬。攀爬至離地面半尺時，右手抓第四根皮繩，左手抓第三根再向上攀爬。如此每次升降各換一根皮繩，雙腳不可落地，從左邊攀爬到右邊。當能往返五個來回時，繼而可練穿法。

穿法：

從左邊爬上頂端後，用腰腹之力使身體朝右蕩去，右手抓著左邊第四根皮繩，左手急速抓著第三根皮繩，然後向下爬。當腳離地半尺時，身子向右蕩，右手抓右邊第二根皮繩，左手抓右邊第一根皮繩向上攀爬。以此法直攀爬到最右端，再向左行。

當能一次往返五趟時，便可任意攀爬行。先從軟樁的中間攀繩而上，攀爬至中央再任意向左或右躍行，從原先一手握繩、一手抓繩變成兩手同時鬆開抓繩。

練此法開始時可自己決定何時穿行，向何處穿行，爾後可請人在下面喝令。上、下、左、右，練者須依令而行。這樣練熟後可將寸餘粗的繩索換成較細的。直至筷子粗的絲繩也能隨心所欲地抓著任意穿行時，翻騰術可練成了。

此功練成大概需七八年工夫，練成後兩臂之力驚人，身體靈巧輕盈，善於借力，雖懸崖峭壁、藤條細枝也能行如平地。

五十七、 柏木椿

柏木椿是專練腿部力量的硬氣功。此功與其他練腿的武功不同，不是單練一個動作，而是綜合各功之長。彈、踹、踢、跺、掃、點、頂、蹬，實戰性很強，尤其受到北方武林的偏愛。

練法：

先在地下植入一柏木椿，椿徑粗一尺，高出地面五尺，務求穩固，能三人推之而不動方可。開始時椿外面用棉皮包裹。練者以椿為敵，實施腿攻。可用不同顏色標在椿上，代表人體各個要害部位，練習時要針對這些部位。

初時可單練一個動作，務求準確有力，待每腳必中後，可將單個動作連成兩個或三個動作，比如左腳踢出後再踢右腳，即連環腳或二起腳。也可右腳踢再轉身左腳踹。此時除

柏木椿

要求準確外，逐步要求速度快。

半年後，腿部功力已大增。接著便練習運氣之法，起腳踢時運氣於腳，此時腳的踢跺之力，要比原來為大。依此法練習半年後，兩腳之力倍增。在練腳法的同時，樁外包的棉布可逐層剝去，爾後脫鞋赤腳練習。樁上功夫練成之後，再練踢技勇石。

技勇石是清朝武場所用，重七百斤，其上尖、下寬，且為長方形。樁上功夫成就後腳力大增，然而七百斤巨石未必能踢動。開始踢時有痛感，後漸消。當練至一腳能將技勇石踢出數尺後，此功大成，前後大約需要三四年工夫。

樁上功夫講究技巧，而石上功夫練力量。二者若能完美地結合於一身，則柏木樁功可稱上乘了。若以此對敵，每在抬腿之間，勝敗立現。

五十八、霸王肘

霸王肘是練肘的硬氣功。此功與鷹翼功相似，只是用力部位不同而已，鷹翼功是用肘彎處，主要是臂肘向上的抬頂之力，而霸王肘則是用肘關節突出處，專練肘部頂勁。

練法：

練者仰臥在地，兩臂彎屈，肘尖、腳跟頂地，然後用力以肘尖、腳跟將身體頂起。練者身體凌空時務須全身挺直。和臥虎功不同，霸王肘不要求身體反覆升降，而是在肘尖頂起身體後一直保持身體凌空的姿態，直至力疲乃止。

雙肘頂起身體後，要凝神靜氣、調勻呼吸，心志不可散亂。每天晨夕兩次練功，每次至少要將身體頂起十次，以後可逐步增加。平時也可用肘頂擊堅硬之物作為輔助練習，當練至能一次保持凌空姿勢一小時，可練單肘單足頂。

霸王肘

練時先擺好仰臥勢，然後身體朝一側翻轉，離地一手叉腰，腳亦是一足跟著地支撐。練至力盡時可稍休息再練。左右兩側交替練習。

一年後，可在水泥地上練習，若干時後可擇粗糙石板練習。最後在地上挖一條闊三尺、長六尺、深尺餘的溝，溝底鋪上大小不一的鵝卵石，然後澆上水泥使之穩固，待完全凝固後，人臥溝底，依前法練習。直至能在碎石上單肘、單足頂臥一小時，其功大成。

練此功時雙肘極易破損，可在練功前用藥水浸洗，方可保無虞。

此功練成之後，其肘、謙硬如銅澆鐵鑄，即使利刃、鐵器也不能損傷分毫。若用肘尖擊敵，被擊者必然受重傷。

五十九、拈花功

　　拈花功是專練指頭拈勁的硬氣功。指頭是人身上的一個小部份，其力遠遠不及拳腳，然而若經過強化鍛鍊，其作用決不遜於拳腳。

　　拈花功主要是練食指和中指的拈勁。初時空手練習，左手拇、食、中三指第一節指面完全相觸，其餘兩指彎屈。然後拇指緩緩向外旋轉成圓形，其餘兩指不動。三指在旋轉中均需用力，意在指面如有物而欲粉碎之。

　　練者時間不限，隨時即可練習。練時拇指先向正面轉若干次，再反向旋轉若干次，兩者的次數要相等。練到指面酸痛時為止。

　　拈花功是一種內功，而其用力不是死

拈花功

力，是要靠運內氣而成，這也是強調初練者心須默記旋轉次數的緣故。心靜意念才能集中，呼吸均勻才能運氣。練時意在指面，氣也隨至指面。

拈花功練習時不需擺成一定架勢，也無需任何器械，隨時隨地即可習練，又不惹人注意，故今習練此功者頗多。日日練習不懈，一年後，其指面之力已非常人可比了。

練到一定程度後，可加大難度，備大黃豆一袋，每日取三粒黃豆在指面旋轉。初時黃豆極易脫落，一月之後便能旋轉自如，並且能將黃豆捻碎。如此練上一年，所拈之豆要日日更換，初時一日換一次，漸漸要頻頻更換。直到用指拈豆一旋，黃豆即成碎末，第一步功夫就成了。

第二步以石代豆，先用小粒石塊，次青石，最後用南京雨花石。方法均與拈豆同。如此日日用功，待無論什麼石都能令其應指而碎時，此功大成。

練成拈花功約需五年的純功。

拈花功能以指面碎石，其力不下千斤。以指觸物，即使不碎也會留下深痕，更不用說人的血肉之軀了，故練成此功者須處處小心，避免誤傷，這也是歷來練此功者多用左手的緣故。

六十、 推山掌

推山掌專練兩掌掌心之勁與兩腕之猝勁。

練推山掌需要一個結實的木架，架子呈長方形，以光滑木板為面，或以二橫木固定在架子上，如橫木粗糙，可以用一塊鐵皮覆在上面。架子四足應牢固埋入地下，架高三尺餘，另備數塊正方形青石板。

練法：

將八十斤重青石板放在架子上，練者面石而立，兩腿成弓步，胸部與石距離一尺半，出雙掌用力推石。練到一定程度可以單掌推之，此時兩掌交替練習，推時雙足站穩，用力後蹬，以臂、腕、掌之力推石，身體不可傾斜以體重壓石。發力不可過急，要緩而連綿不絕。初時青石不動，久之掌力漸增，青石自然應掌而動。

推山掌

當練至能輕鬆自如地推動青石時，可接練腕部猝勁。雙掌按石，手腕向前一抖，力達石塊。此時發力要狠，全身腿、腰、臂要密切配合。若能將八十斤之青石在屈臂抖腕之間推出數尺後，可在原八十斤青石上疊放三十斤青石一塊，依上法練習，即分兩個階段，先練綿勁，後練猝勁。直至能將四百斤巨石推出。

下一步要單練雙腕猝勁。兩手手指按於石上，兩掌掌心離石三寸，發力時要由足、腿、腰、臂、腕直達兩掌根，以猝勁推石，手指向後上方翹起，將石一掌擊出。

此法練習，也要從八十斤之石練起，每次加三十斤，逐漸增至四百斤。若練至能一掌將重四百斤的數塊青石擊出，推山掌就大功告成了。

更有剛柔相濟的更高一層的練法：將數塊石疊置於架上，雙掌按在石上，發力時手腕不移動，只是意到氣隨，手腕稍一抖動，其力自傳至巨石。直練到雙掌發力，被按之石不動而底下一石已自飛出時，推山掌可謂已臻爐火純青之境了。

推山掌練成後，雙掌之力不下千斤，四百斤巨石能一按而出。如與人交手，只須以一掌輕抵，對方便會跌出丈外。此功雖專用以進攻，但平日練法專於發勁，一般不會傷人，然而卻能輕易制服對手。因此武林中許多高手都精於此道。

六十一、馬鞍功

馬鞍功是練拳的硬氣功，其練法與紙篷功有相似之處，但功效卻不相同。

練馬鞍功須先備大小馬鞍石若干，練時將馬鞍石置於空曠之地，練者馬步（或弓步）站立，以拳或腳擊踢馬鞍石。初時，馬鞍石如入地生根，毫不動搖，練習長了，馬鞍石開始移動搖晃，爾後能應拳而出。

當練至一拳能將馬鞍石擊出數尺時，便可換上稍重的馬鞍石練習。直到二三百斤的大石也能應拳而出時，方算大功告成。

馬鞍石練習時拳腳兼練，其效更佳。既能以拳面擊人，又能以腳前掌踢人。腳較拳有力，故練時不易同時進行，分開練習為宜。初練時以布包手，爾後可在適當時候去掉手上

馬鞍功

的布。以拳擊石難免破裂流血，可用藥水洗手，以免造成殘
疾。

　　馬鞍功練成之後，拳腳之力極大，若以拳腳擊人，不亡
也重傷。故有此功者平時須謹慎從事，以免誤傷。有此功者
可一目了然，其拳面無高低之分，只是一個平平的肉團。

六十二、玉帶功

玉帶功又稱乾坤圈，專練兩臂的環抱之力。

開始時玉帶功做抱樹練習，練者先選一合抱粗的大樹，面樹馬步而立，兩臂抱樹，手指互相鎖扣，胸腹緊緊貼著樹身，然後蹬腿、拔腰，發力達於兩臂、兩手，極力將樹向上拔。每天練功兩次，力疲而止。

開始時即使拼全力拔樹，樹也不動，幾月苦練後，樹身略有晃動。如此堅持不懈用功二年，便可搖動大樹，使樹葉瑟瑟落下。

第二步可擇千斤石鼓、鐵鼎、銅鼎等物，其腰圍須大於一抱之數。練者以兩臂抱物，因兩手不能合攏，因此石鼓很容易滑出，或緊抱在胸前不能上提。須有兩年工夫才能

玉帶功

將石鼓抱起。日後須練功不輟，天長日久，漸能抱著石鼓移動幾步。直至做到手抱石鼓能繞場而行，來回繞行仍能心平氣和，玉帶功方算練成。

　　玉帶功練成之後，兩臂之力驚人，千斤之物抱在手上如嬰孩一般。若以此力抱人，無有不頃刻喪命者。

六十三、井拳功

井拳功是練拳之法，但其擊人時拳面不及人體，屬於內功。隔空發力，然其拳力極大。

井拳功

井拳功練法非常簡單。練前先選擇一口大而深的井，井深數丈，水面距地平面丈餘。練者在井前低姿馬步而立，輪流出兩拳向井擊去。出拳要狠，但動作不可太快，每分鐘大概十五次。出拳時呼氣，收拳時吸氣，氣隨拳出，力達拳面。每日擊拳三百六十次。

初時似乎沒有一點效果，一二年後，一拳擊出能聽到井水微微震動之聲。以後聲音越來越大，最後甚至響聲如鼓，此時已有了五六分的功夫。

每天苦練，堅持不懈，水被拳擊漸漸會泛

起波浪，直至一拳擊下，如巨石投井，井水躍至井欄，至此井拳功方算大成。

此功練成後，每拳皆為殺手鐧。離人一丈，拳出人倒。練成井拳功前後大概需十年工夫。十年之中每日對練功，既練了拳力，又達到了修心養性的目的，因此凡真正有此功夫的人都氣清心靜，不會無端生事、輕易傷人。

井拳功練法簡單而機械，需要的時間又長，因此，歷來很少有人練成。現在武林中有一種比較實用的練法，雖練成後無井拳功的威力，但也有相當的功力。

此法叫做擊紙法。取圖畫紙一張，上面穿兩個孔，用棉線繫著吊在架上，高與胸齊。練者馬步站立，距紙一拳左右，然後出兩拳向紙輪流擊打，其呼吸法類似於井拳功。開始時一拳擊去，紙便隨拳風飄出，因此難以擊中紙面。每日練習不輟，直至能一拳將紙擊碎時，可換上報紙練。以後可再換宣紙、棉絮紙。若能一拳將半尺見方的棉絮紙擊得粉碎時，拳力已非常人可比，以拳擊人未有中而不倒者。

六十四、沙包功

沙包功是一種硬氣功，不但練拳腳之力，而且練身法與步法的靈活，旨在提高人的敏捷程度和反應能力，是一種實戰性極強的功夫。雖然武林各流派中練法不同，但其實質卻是相同的。

沙包功練法很多，有擊單沙包、雙沙包，也有擊五沙包、七沙包、九沙包。練擊單包、雙包，不需什麼特殊裝置，將沙包懸於樹上或樑上即可。

如欲練上乘功夫，必須特製一木架。木架以四根柱組成，深埋於地下固定。另用四根橫木連接。橫木上裝鐵滑輪，可將沙包任意升高和降低。再備沙包若干，初時重四五斤，以後視力量大小逐漸加重。沙包多少可視人的反應能力而定。

一般從練擊單包開始。將一沙包懸在橫木之上，馬步或弓步立於沙包前，先出一拳將沙包擊出，待其蕩回時，再以第二拳迎擊。出第二拳時要在沙包蕩回之勢未盡時，這才容易長功。繼而可以雙拳輪流捶擊沙包。擊單包主要是練用拳的方法和對出拳時機的掌握。

接著可練擊雙包：兩包平懸前方，相距與肩寬，高與胸肩平。練者出雙拳先後擊之，使之蕩出蕩回。此時反應要靈敏，出拳要有節奏，有條不紊。爾後將兩沙包分別吊在人的身體兩側，練者拳出後要左、右照應，身體轉動要靈活。如此熟練後，再懸兩沙包在身體前後，加在一起已有四個沙包。

此時擊沙包不能單用拳了，而是要拳、掌、肘並用。沙包每增加一個，出拳速度就要有所加快。必須眼觀六路耳聽八方，稍有疏忽，沙包就可能盪回反擊自身。待打四沙包熟練之後，手的運用已十分自如，身體也已相當靈活了。

接下去可練頭、肩、腳、膝的功夫，先在正前方懸一沙包，專練頭功，頭部前額堅硬，不怕打擊，故頭功也專練此處。這時擊打五個沙包時，除正中必須用頭擊外，擊打其餘四只沙包則手、腳不論。

熟練之後，左、右各加一只沙包練習肩打，後面加兩只用肘打，此時已有九只沙包，人稱「九星沙包功」。凡能打九只沙包者已屬少見，更有高明者，在頭上方加懸一包，專練頂擊，此時已是十只沙包了。十只沙包打去只見沙包快似流星，人如穿梭，拳腳之快常人望塵莫及。

初練之時，練者須

沙包功

以定步即弓步或馬步擊打沙包，既練拳力又練腿力，沙包重量可逐步增加。練力的沙包最多兩只平列前方；而練身法、手法的沙包不宜過重，愈輕練習的難度也愈高。沙包愈多，越是要求步法的敏捷與身法的靈活。要瞻前顧後，眼中所見即是腦中所想，腦中所想便是拳之所擊，練至純熟之境，只須眼瞄一眼便能擊中。

沙包的重量相同，因練者拳擊的力量不同而蕩擊的速度也不相同。如若沙包有輕有重，猶如對手或強或弱，若以拳擊之其蕩擊的速度也不會相同。如以重拳擊輕沙包，其包必立即蕩回，使人應接不暇，若以輕拳擊重沙包，其包必不動。故此，若練至能根據沙包輕重的不同而分別對付以重拳或輕擊，此便可稱是上乘功夫了。

練成沙包功後，便可渾身上下全是手，遍體輕盈如猿猴。即使身陷眾人包圍之中，也能從容應付，如入無人之境。

六十五、點石功

　　點石功是專練指尖的硬氣功，可單練食指，也可練食、中二指。點石功與拈花功大同小異，都是死手功夫，惟拈花功勁在指面，點石功在指尖而已。點石功又酷似一指禪，但點石功非觸物不可，而一指禪卻可隔空擊人。點石功指力極大，被點中者必傷，但均有藥可治。

　　練點石功者為防止無意傷人，一般都練左手。因為此功專以指擊人，所以手型非常講究。

　　練時手中、食二指併攏，用力向前伸直。無名指和小指彎屈緊貼掌心，大拇指、無名指和小指捏在一起。開始點石功是在泥塊上練習的。將細黏土和糯米汁拌在一起，攪拌均勻後按成平整的長方形，放在蔭涼處晾乾。練前先用朱筆在泥塊上點上圓圈，每寸點三個圓圈，將泥塊豎起。練者立於

點石功

泥塊前，運氣於指尖，用食、中二指向第一圈點去。發力先輕後漸漸加重，直到第一圈有所凹陷，再點第二圈。

點第一圈時最難，此時指尖尚無功夫，一般要花兩三個月工夫才能使圓圈稍稍凹下去。練點第二圈就較前者為快。每天練習不懈，逐漸將泥塊上的圓圈一一點陷，每圈下陷所需點的次數應逐漸減少，而所點陷的深度卻要逐漸加深。如此要用二年多時間方可將圓圈點完。

練到此時，泥上之圈能一點就陷。接著可以以石塊代之，最後換成青石板，方法與點泥塊相同。完成點石功大概需要六七年的苦練。

點石功練成後，食、中二指勝似利刃。此功屬點穴術上乘功夫，極易傷人，故應謹慎為之。

六十六、 拔山功

　　拔山功是練指腕之力的硬氣功。拔山功同石莘薺功、龍爪功相似，專練拇、食、中三指提捏之力。若練成上乘功夫後，只須以手離物做提舉之狀，指端用力則物應手而起。

練法：

　　選擇一空曠之地，挖一淺坑，埋入寸餘粗細的木樁，四面用土填實。練者在樁前馬步站立，以一手拇、食、中三指捏著木樁上端，調勻呼吸後，將木樁上提，用意用力於手指與腳底，此時因指力不夠，木樁必然紋絲不動，若一手力疲可換另一手練習。兩手交替用力後可稍休息再練。

　　這樣每日早晚練樁功兩次，久練不輟，漸漸能將木樁朝上拔動一點，後來能將木樁一下

拔山功

拔出。這時就可以在地上再植同樣粗細的木樁，若能一氣連續拔掉十幾根木樁時，拔山功即初步練成了。

　　然後在地上植入碗口粗下端稍尖的十餘根的木樁，埋入地下尺餘，上用泥土沙子蓋嚴搗實，每日練拔此樁，方法同上。開始練功時認準一根，每日以手捏拔，直至能拔出為止。接著再拔第二根，第三根……當練到最後一根時，此樁已埋入地下一年有餘，十分牢固，但此時指力已大有長進，不久即可以拔掉此樁，木樁拔完後，再植鐵樁練習，若能將鐵樁一下拔出時，拔山功的力量也就練成功了。

六十七、螳螂爪

螳螂爪是練習腕側和掌的硬氣功，其功略同於觀音掌，而發力之處不同。螳螂爪發力時肘關節不動，貫勁於前臂，從上向下平切，皆用剛勁。此功可用最短手法，一折腕而置敵於死地。因為其用法如螳斧揚斫（zhuó），故名螳螂爪。在拳法中稱為斫掌或劈掌，最為實用。

練法：

先在院子裡疊起十幾塊磚頭，高至臍部，上鋪三寸厚桑皮紙，手放其上，手臂抬起，手指向天，然後快速將前臂下彎，離桑皮紙數寸時，運用腕力，以掌緣小魚際擊磚。左右兩手依此法輪流練習。每天早晚練功兩次，爾後慢慢增多。

開始練時，因掌力不夠，一掌劈下磚無所

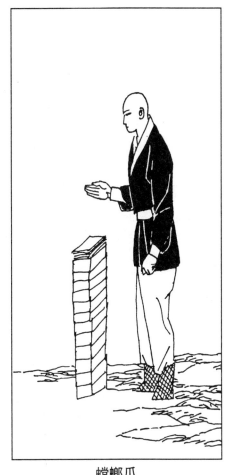

螳螂爪

動，一年後，可一掌碎去幾塊磚頭，當能一掌將整疊磚完全擊碎時，可重疊十數塊，但要比原來的少兩塊，而紙卻加厚三寸。

依上法練習，逐漸減磚而加紙。直至桑皮紙加厚至二尺也能一掌碎磚時，第一節功夫就算完成了。此步為陽勁，用力較死，第二步則要練活手柔勁。

其法：取瓦一片，平豎在地，底部兩面用磚夾著，防止它傾倒。然後舉手斫擊，初上手時瓦隨掌倒但不碎，數月後，則可一掌劈瓦為數片。接著能一掌將瓦削去二角。這時撤去兩旁的磚塊，若能一掌削去瓦片一角而瓦卻毫不搖晃時，則已有七分功了。然後再用薄磚、厚磚、城牆磚練習，直至能一掌將石塊削去一角而石塊不倒時，螳螂爪方算練成。

此功練剛勁固難，練柔勁更難，因為要練到剛寓於柔之中，故費時較長，一般需要八年時間。

螳螂爪在對敵中雖屬死手硬氣功，但掌與常人無異，平時不會誤傷，因此在諸多硬氣功中堪稱上乘。

六十八、布袋功

　　布袋功是專練腹部的硬功，練成後呼氣能把巨木推出，吸氣能將巨木引近。它雖是一種硬功，但練時要先練內功，腹內充滿混元一氣，如彌勒佛之布袋，故也可算做一種內外兼修之功。

　　布袋功的練習應先掌握運氣的訣竅。練習者盤膝坐在床上，凝神閉目，調勻呼吸。吸氣時存氣於胸腹，然後呼氣，氣由上腹徐徐下抵小腹，餘氣由鼻孔排出。如此平心靜氣地呼吸，約每分鐘五六次。

　　呼吸調勻後，運氣於小腹，使其鼓脹如球，然後兩手掌心緩緩按摩下腹。先由左向右按摩三十六次，繼而將氣吐出。稍作休息後再行運氣，此後兩掌由右向左逆行按摩三十六

布袋功

次，將氣吐出。如此反覆按摩各三十六次為度，每日行功兩次。兩年之後，腹部軟時如棉，鼓脹時硬如鋼鐵。運氣練習之後，接著練以腹抵木。

先在地上埋二巨椿，椿高二尺有餘，底部須堅固，椿上端為平面，徑寬一尺。椿上置一巨木，長可一丈七寸左右，巨木兩頭露出椿外，高及練者肚臍。練時人緊靠巨木，小腹與之緊貼。先斂氣上提使小腹收縮，繼而身體後縮，再運氣於小腹將巨木極力朝外頂，這樣小腹一收一脹為一次。每次練功運氣七十二次。年長日久，其腹似有吸力。氣上提腹後縮時，巨木便隨之後縮。待練至一鼓氣巨木向前飛出數尺，布袋功方算大成。

布袋功大成後，其腹之力極大，以腹抵物無不被其推出，或者被腹部之力折斷。腹部呼氣後縮時如巨手牽物，縱百斤之物也會為其左右，有此功者上陣對敵，攻、防全不必用拳腳，只須運氣於腹，腹部一動對方不被彈出即被吸引，縱有再強武功也是枉然。

六十九、觀音掌

觀音掌專練掌側的斫力，它同鐵砂掌一樣，都是十分厲害的殺手功。

練法：

開始先在木板或木質器具上練習。練者弓步或馬步站立，左手五指併攏，抬起後用力向下劈落，與木板的觸點在掌側近腕處。力量應由輕而重，不可冒進，只須堅持不懈即可。

每天行功兩次，力竭而止。如此練習日久，先是掌根腫痛脫皮，愈後而力量大增，繼而皮脫又合，這樣要連續數次。待一掌劈下，板上有極深凹陷時，可以掌劈木柴。直練至掌如利刃，一掌斫下木柴即刻斷折開裂，便可過渡到劈石。

石質堅硬，以掌劈

觀音掌

之絕非易事，掌側皮肉肯定又要經過幾番損傷，癒合。如此練上兩年，掌斫石板猶如錘擊，板上立見凹陷，再堅持不懈練習，直至一掌斫去，陷處裂如刀切，周圍並無裂縫，此時功力已深。

最後一步，即掌劈鐵砂。用高約半尺的盆子盛滿鐵砂，然後依上法練習。初時掌劈下有一陷處，待掌提起時又平復如初。練習日久，一掌斫下鐵砂分開，掌起也不平復，此時已又進了一步了。直練至掌下鐵砂飛濺，只見從上到下出現一條直縫，盆底清晰可見，不存一顆鐵砂，兩側鐵屑平整，猶如刀切豆腐一般，此時觀音掌就算大成了。

觀音掌發力剛柔相兼，剛如鐵錘，柔似游絲。若試其掌力，可在青石板上放一盆豆腐，掌從豆腐上劈下，豆腐未見破痕，而青石已碎裂如錘擊。若以掌擊人，掌未到人先倒，可不傷皮肉而重創內臟，是一種十分狠辣的絕手功夫。

七十、上罐功

上罐功是專練兩臂懸勁和兩手握力，是擒拿和點穴的基本功。

練此功之前先備一小陶罐，罐上兩邊有耳，以短繩穿耳可攀。再用四尺長粗繩，一端繫於罐上攀繩正中，另一端繫於一圓木中央。圓木粗寸餘，長一尺半，正中鑽一小孔，可將繩穿入固定。小罐自重七斤，可貯沙三十斤。

練者站定馬步，兩手平舉，肘與肩高，上身挺直。雙手握圓木，虎口相對，將罐提起。爾後雙手轉動圓木，使繩繞圓木之上，罐慢慢上升直至與胸平。稍事休息後，雙手向相反方向轉動，將罐逐步降下。如此升降三十次而

上罐功

功畢，每日晨夕各行功一次。三個月後，在罐中加沙一斤。升降次數增加五次。又三個月後，往罐中再加沙一斤。如此直至加到三十斤為止。

此時若能連續升降五十次，其臂力已是驚人。更有能者，在地上植樁兩根，高於地面二尺，徑粗三寸。練者馬步站在樁上，然後雙手轉動圓木使陶罐升降，此時繩長應有六尺。如這樣也能連續升降三十五次時，此功已臻精妙之境了。

上罐功練成之後，兩臂之力極大，兩手握勁也非凡人可比，凡物只要兩手一旋即能折斷。如能再通曉一些擒拿、點穴法，通曉人體各大關節穴位，更是如虎添翼。

要練成上罐功起碼需三五年工夫，而作為基本功的訓練，其練法還可以更簡便些：

備一布袋，內貯黃沙，初時十斤。另用粗繩一根，一端繫於一小棍中央，另一端即繫住沙包。練者馬步站立練習，方法同上，每日習武間隙即可練習。此法用功雖不如前法專一，卻更簡便實用。

七十一、合盤掌

合盤掌專練手掌搓功之力，是攻防兼備的一種硬功。

合盤掌練習方法極為簡單。先取日常竹筷一把，兩頭均用細繩緊緊紮牢。若一時難以紮緊，可在捆紮後再將竹筷從一端插入，直至不再鬆動為止。

練時人馬步站立，二掌合捧竹筷，高與胸齊。兩手自然彎屈，用力於掌心之間。兩掌捧竹筷先左手朝外右手朝裡搓，意在使竹筷向右扭動，然後兩手用力，使其向左轉動，如此左右循環，竹筷便在兩掌間不斷扭動。

每日行功兩次，不懈練習，直到雙掌一搓竹筷便彎曲，細線也斷裂時，可換三十六根長尺餘的粗竹筷練習。

先兩手各握竹筷一

合盤掌

端，左手右旋，右手左旋，轉至力盡時稍事休息，再用兩掌搓切竹筷中部。初時竹筷因細線緊紮而不動，用功一兩年後，則功效漸漸顯著，雙掌旋筷能使之彎曲，雙掌搓擦，竹筷移動，而且嚓嚓作響。此時可換鐵筷接著練習，方法同上。兩三年後粗鐵筷已細了一半，原先尺餘長，現在變成了二尺多長。這是千日用功所致。

合盤掌練成之後，腕掌之力過人，無論何物舉手一搓大多都已粉碎。古人所謂的搓樹成薪、搓竹成帚並非妄言，而是上乘的合盤掌功夫。

七十二、石荸薺功

石荸薺功專練大、中、食三指捏勁及臂部拎提之力，與龍爪功、拔山功相仿。著力處全在大、中、食三指指面之上，而不及指頂、指側各部。南方武術界盛行此功。

石荸薺以麻石鑿成圓錐形，上削下廣，小者十餘斤，最大者六七十斤，其底之對徑約七八寸。

練者以大、中、食三指，捏住其銳削之端，捏時中、食指在外，大拇指在內，指尖皆向下。石荸薺之頂約居中、食二指之第三節，不可抵住掌心。捏住之後即向上提起。

在入手之初，欲以三指豎提十餘斤之物已屬難事，況石荸薺由銳而廣，四周平削，毫無借力之處，其甚難固

石荸薺功

定。故初時勢必不能應手提起，非經半年到一年苦功不可。能將石荸薺提起之後，須練習持久，如只能一提即放下，功勁也是有限。

故提起之後應環場而走，先時走數步則脫手，功夫漸深，就愈能持久，由數步而數十步，由數十步而數百步，以至能手提石荸薺繞場走數十圈亦不脫手，則可另易一個較重的石荸薺依法練習。

但斤兩之重不宜驟增，每換一次以三斤為宜，最多不過五斤，循序漸進為宜。驟增過多，在練功上必然發生阻礙，且影響及全身練功，甚至不慎受傷，故練功宜漸進而忌猛烈。

至於用拇、中、食指能提捏五十斤的石荸薺，而任意提之在一個時辰以上者，則功夫已不尋常了，用以捏人，立致重傷，如果用於抓病，立見特效，此功至少三至五年工夫才可成。

第三篇

武當三十六功

武當山　徐本善道總／傳

裴錫榮　吳忠賢／整理

武當三十六功功法總論

　　少林、武當均以拳法馳名中外，也以功夫流傳千餘年之故耳，自古有北崇少林、南尊武當之說。

　　武當三十六功為武當山徐本善道總所傳，它是由八門五手功夫衍化而發展起來的功法。本功講究性命雙修，為內外兼練健身長壽之術。為了把本功加以整理，我們選了其中二十餘種功法，供武林界修煉及全民健身之參考。

　　由於「武當三十六功」歷代只許武當道人習練，絕少流傳於俗家，同時此功練起來需要很吃苦，俗家群眾也因生活奔走，無暇專門去下這種苦功，所以流傳不廣。故一般人只知天下功夫出少林，而武當三十六功踏破鐵鞋無覓處。雖然受時代的局限和門戶之見的關係，「武當三十六功」流傳面極窄，但畢竟透過各種渠道也流傳下來了。少林功夫以外功見長，而武當功夫則以內功聞名。今天，我們將武當山道總徐本善傳下的「武當功法」加以整理，有選擇地公布於世，以供愛好內功者參考。「武當功夫」並非人人都可練習。練武當功法必先講武德，不能以功欺人，戒酒、戒色、尊老愛幼、愛國守法，是練功的前提。

1. 有選擇地學習武當功法

　　「武當功夫」內容豐富，每一項功法，都有其特點，又有各種練習方法，練功者應根據自己的身體條件選擇一項或幾項功法，切不可朝三暮四地東學西練，最終一事無成；同

時要根據身體情況，不可急於求成而傷了身體。

2. 練功要有恆心和信心

當選定所練的功法後，要堅持不懈地每天練習，功夫成於苦練，苦練會有獲。「精誠所至，金石為開」，有頑強毅力和意志，「鐵杵磨成針，功到自然成」。

3. 要講究武德

武當功夫練成之後，其力之強，是一般功力所不能比擬的。武當派講究謙和禮讓，出手要請手，後發制人。禮讓為先，不持藝凌人，不無故交手，以強身為旨。

4. 練功要有老師指導

練功最好有老師指導，如一時無師可求，則可選較易的功夫練習，並循序漸進，不能急於求成。

5. 練功要備藥防傷

武諺云：「未學功夫先學跌打。」在練功過程中難免不慎傷損，如有內服外敷傷藥為備，則能應時而用。再則，有些功夫要以藥力輔助，如準備充足，練功便穩妥了。

武當功夫按其練功的方法分為動功、靜功、軟功和硬功四大部份。我們將徐本善道總所傳的《武當功法》進行整理，有選擇地介紹以下幾種武當功夫。

動功功法

穿花撲蝶功

穿花撲蝶功是武當紫霄宮九宮八卦門中的一種功夫，這個功夫主要練習進退騰躍的本領。初練時可擇大樹林立的山

穿花捕蝶功

嶺，以樹幹相鄰靠近為宜，並除去地上荊棘雜草，練者在樹木中任意穿躍奔走，或進或退，邊走邊以拳腳模擬攻防動作。熟練之後，再擇長滿高低粗細不同的雜樹枝，高低往來，穿跳縱橫，練時身體不得與樹幹相碰，遇有矮叢則紫燕穿簾，騰飛而過；高則平沙落雁，一掠即逝，先練曲折前進，由慢而快，力求任意迅速。然後前進後退，左轉右折，動作逐步靈活多變。最後在穿跳中運用武當拳術中諸般掌法、拳法，對樹幹枝葉進行抓打彈拋佯作攻擊。久而久之，對禦群敵，如入無人之境，當者披靡。

九宮樁功

九宮樁功是武當派訓練反應敏捷、腳步穩健的功夫。初練時，用九塊青磚在地上擺成三行，每行三塊，塊與塊之間距離尺餘。練者在磚上走九宮步法，走時以腳前掌落地。熟

九宮樁功

練之後，可將磚豎起繼續練習，以磚塊踏而不倒為好。此法練習之後，可在原地植木樁九根，式樣與磚同，樁高一尺，樁的頂平面為四寸直徑。初時，樁可埋得深些，練法也是走圈，要求踏樁要穩，速度由慢到快。繼而練習越樁穿插，時左時右，忽前忽後。待練者步履穩健，身法靈活後，可在各樁編一號碼，從一至九依次而定，並將樁面削成直徑二寸。

練者記熟各樁位置後，請人在一旁呼號，喊一，便躍上一樁，喊八就踏八樁，速度由慢而快。

初時不可心忙意亂，以免一腳踏空而落地受傷，熟練之後，在穿插九宮之中，配以拳腳招術。以後可將樁底泥土除去，使樁埋入地下一尺至五寸，練者仍以上法習之，如若行走重心不穩，樁木便會倒下。若能持久練習，身法輕盈如狸貓，步履靈巧勝猿猴。功成之後，身法手法配合極佳，與敵交手，獲勝如探囊取物；人若取我，則無法捉摸。

乾坤球功

乾坤球功又名乾坤功，主要是練習眼法和步法，是竄縱飛躍的輕功法。

練功前，先置石球三個，每個重約斤餘，也可以鐵球代之。初練時，人在行走中，將石球朝天上拋去，雙手輪流拋球，而雙腳不停向前行走。開始可兩手拋、接一球，石球不必拋得太高，尺餘便可，行走速度宜慢。熟練之後，再練拋二球，兩手輪流交替拋球，走的速度可越走越快，拋球高度也越來越高。

半年之後，練者在小腿處綁上沙袋、鉛板等重物，依上法練習，要求行走速度快。同時應擇生疏之地練習，如是丘

乾坤球功

嶺崎嶇之處最好，這更能練成眼觀八方之功。

雙眼既要顧及石球，又要看清路面，實非易事。如此練上三年之後，一氣能跑上二三十里時，可改在峻嶺、陡坡上練習，雙手要拋、接三球，而且每球須扔高丈餘，如此而絕少有誤，功夫便到了隨心所欲之境地。

此功練成之後，除去重物，無論爬坡越澗，登高翻牆，都能如履平地行走如飛。無論在何種地形與敵廝殺，都能泰然處之。即使人以暗器傷我，只在伸手之間化險為夷。武當山道人徐本善便擅此功。

夜行術功

夜行術又稱遊身功，是訓練人在夜間活動能力的一種輕功。

練夜行術前，須先習疾走奔馳功夫。每日應腿綁鉛塊，

夜行術功

身著沙衣，晨晚兩次奔跑，直到能一氣跑數十里之遙。然後在空曠之地練眼力。

練者雙腿盤坐緩呼緩吸，全身放鬆，雙眼看飛鳥游鴨，如能一下數清數目，可改數爬蟻。以後，在夜間燃香數十支掛於樹叢之中，要求一下點清數目，並不斷改變燃香位置，距離越拉越長，如能一目了然，即可練習夜行之術了。夜間，身綁重物，初擇小道疾走，後走山路，繼擇密林，這樣有月光可辨遠山近水，無月光也能避險擇路。長久以往，不但能慧眼識路，而且腳下反應甚為敏捷。

此法熟練之後，夜間在林中掛燃香數十支，每香間隔二尺。練者在香林中任意穿躍，並以香為敵，拳打腳踢（但不可碰香）。此功練習之後，黑夜和白日同樣行事，夜間如有意外之事，則能穩操勝券。

軟功功法

玄武功

玄武功為武當功夫中上乘絕技。

練者每日清晨擇空氣新鮮之空曠之處練習。先面南而立，全身放鬆，兩腳分開尺許，雙手握拳置於腰間，目正視前方。隨後猛吸一口氣於喉間，兩腳跟向上懸起，以前腳掌牢牢站於地上，舌頂上腭，盡力使身體上懸，但不能跳躍離地。接著以前腳掌為軸，身體左轉180°，上身保持不動，雙腿屈膝成坐盤式，坐於地上。盤坐落地後，雙拳向兩側分擊，同時鼻孔呼氣。要求以意運氣，以氣摧力，不用蠻力，吐氣與擊拳同時進行，然後兩腳用力站起，頭向上頂，運丹田之氣極力向上。站穩之後，腳跟懸起，握拳置於腰間，吸氣貯於胸喉之間，目眦欲裂，二耳外張，咬齒豎髮，身體猛向右轉，以腳尖為軸右轉180°，屈雙腿成坐盤式。落地之後，雙拳向左右分擊，吐氣以助拳力。隨後再起身左轉，如此左旋右轉反覆循環。

此功意為高能上天，低能入地之意。起則以極力高升，恨不能插翅入雲，落則極力收縮，欲不得穿洞容身。長久以往，功自然而成，則身軟如絲綿，柔若無骨，雙腳踩立，硬如銅鐵，鐵鑄金剛，無堅不摧。

柔骨功

柔骨功，是習武當功夫的基本功，主要使身骨柔軟。

玄武功

柔骨功的主要練法有：「前打躬」「後折柳」「左右轉
輪」「轉環腿」「送食腿」「掏耳腿」「戴帽腿」「搔癢
腿」「十字紅」「反藏花」等。按其練習部位可分為腰功、
腿功、肩功、臂功四個部份。

　　練習腰功主要是前後左右盡力彎腰。

　　「前打躬」：身體正立，兩腳分開尺餘，向前彎腰，
使頭插入兩腿之間朝後看，兩手則抱住兩腿。

　　「後折柳」：向後彎腰，使頭能插入腿間正視前方。

　　「左右轉輪」：身體正立，上身向左或右彎屈，兩手
上舉而能隨身體彎屈而觸地。

　　練腿之法有「送食腿」「戴帽腿」「搔癢腿」「掏耳
腿」「轉環腿」等。

　　「送食腿」：身體直立，兩手豎掌極力向外推，左右

柔骨功

兩腳輪流踢至己嘴唇。要求站腿直，踢腿腳掌極力上勾，全腿繃直。左右輪流交替而踢。

「戴帽腿」：身體直立，兩掌左右撐開，兩腿輪流後踢，要求身體不可搖晃彎屈，踢腿以腳跟碰後腦為準。

「搔癢腿」「掏耳腿」：兩腳左右斜踢，右腳能碰左耳，左腳能碰右耳，提右膝可碰左肩，舉左膝能觸右肩。側前踢，右腳能踢右耳，左腳能踢左耳。

「轉環腿」：是腿功中最難的。練法是，正身面南而立，彎腰向前，兩手撐於地上，然後一腳後踢，使其落於身前。其法與「豎蜻蜓」相仿，只是「豎蜻蜓」兩腿筆直豎起，而「轉環腿」是兩腿一前一後極力觸地。

臂功練習除了傳統常見的掄臂、抖臂之外，還有「十字紅」「搔癢法」「後藏花」。

「十字紅」：兩臂在胸前交叉，兩掌能於背上相搭。

「搔癢法」：右手從背後抓住左耳，左手從背後抓住右耳。

「後藏花」：兩臂伸直朝後，使雙掌背相擊。

以上三功初練時，均達不到要求，日久可成，肩功也在其中了。

柔骨功係習武基本功法。練來雖不很難，但須每日溫習，不可廢功一日，以免功力荒疏，身法生硬。

軟硬功

軟硬功是腹部的軟功。

軟硬功的練法：每日清晨，擇空氣新鮮之空曠之地，以清淨為宜，最好選擇在無人干擾之處。練者面對東方，全身

軟硬功

自然放鬆，兩手相疊平按於腹前，先進行吐納呼吸法，安心定神，緩呼緩吸。隨後開始練功，先深深吸氣一口存於胸喉之間，使小腹深陷，同時雙手掌向上平翻。再緩緩吐氣，氣由胸喉入丹田，使小腹凸出，雙手再翻至腹前，緩緩按腹，如此反覆按腹五十次。隨後寬衣鬆帶。夏天可袒露腹部，冬天也要使掌能只隔單褲而觸腹。用左手輕貼小腹之上（臍下），順時針方向緩緩摩動，由輕而重，三十六次之後，緩呼緩吸以調整呼吸，再以右手作逆時針方向摩腹三十六次。如此之後，可稍事休息後循環再練。

如此長久練習內功大進，腹部柔軟如綿，堅硬似鐵，不怕重物打擊。

搓掌功

搓掌功是專練胸腹筋骨柔軟、內氣壯實的一種軟功。

練搓掌功應擇空曠之田野或庭院中，須以空氣流通新鮮為宜。每日晨夕練習兩次。此功練習應先全身放鬆，頭正身直，雙目平視，抿唇閉齒，舌抵上腭，虛靈頂勁，兩手自然下垂貼於褲縫，兩腳分開與肩同寬。緩呼緩吸，意守丹田。當凝神靜心之後，將兩手緩緩前舉於胸腹前，兩掌掌心相合。同時雙腿彎屈成馬襠步站立。意在掌根、十指尖。兩掌用力沿順時針方向捻轉三十六次後，再逆時針方向捻轉三十六次。隨後，右掌貼於左後肋處，左掌貼於右後肩背處。右掌由左後肋經前胸而漸至左肩後背，同時左掌由右後肩背，經左肋而至右後肋，兩掌交叉做旋轉按搓動作，旋轉動作要緩慢，搓擦動作要連貫，有一氣呵成之感，須連綿不斷。旋轉搓擦時，上身各處均要放鬆，用力於掌根指尖。雙掌旋至

搓掌功

極處，再反向旋轉至原處。如此一正一反為一次，每次練功以二十次為度。

練時均以逆呼吸法，吸氣時意想睪丸，呼氣時意鬆睪丸。呼吸均用鼻。吸入之氣存於丹田，而不可有散。如此持久不懈練習，兩手掌力大增，胸腹間皮肉柔軟，而其骨堅筋硬，尤其是強精內壯，是強身健體極好的鍛鍊方法。

太極球功

太極球功是克敵制勝的絕招功法。

太極球功的練法：先置木球若干，重量十斤、五斤等不同。練時，馬襠步站立，雙手將球捧起，運用太極拳勁法，使球上下轉動，雙手轉球由下而向上，由左而右，使球在兩手間轉動，惟身體不可搖晃。

練時動作要慢，運丹田之氣，力由腳而生，由腰而傳。球的重量不限，當每次能一氣轉動二百次時，即可換更重一級的球進行練習。以後可將木球改為鐵球，直到能滾動百餘斤鐵球，而如玩彈丸一般，其功大成矣。此功練就後，雙掌不但力大無窮，而且手軟如膠，彼力再大，一旦被我黏住絕少有脫逃者。此功練習後，可發外氣治病。

綿掌功

綿掌為武當絕技，其練法從不外傳，自古視為絕密。我師傅劍秋老先生是徐本善道總的入室徒，深得其精髓。先師苦心傳教我多年，余雖天性愚笨，然篤志苦練數十春，始稍悟其機也。

少林派武功以鐵砂掌為重，其餘青城、峨嵋、崑崙、華

太極球功

綿掌功

山諸派則有黑沙掌、朱砂掌、鐵砂掌、毒砂掌、鐵掌、滲掌等諸樣功夫。而武當派掌功即此綿掌。

練習綿掌功夫須先練習武當洗髓功，洗髓功是大周天氣功的一種。待大周天能搬運自如之後，則可練習綿掌功夫。擇一空曠之地，砌二磚厚泥牆一道，高五尺長一丈餘。

練者在牆前先練畢洗髓功，然後雙掌按於其上，並運氣以掌發勁，擊於泥牆。初時泥牆不為其動，漸而牆有裂縫而破碎。此時將牆補平，依法再練，直至一掌將牆傾覆。隨後可在牆上覆綿紙十餘張，依前法而練，至一掌能毀牆而紙不破不損，則可將綿紙加厚。初時雙掌同練，繼而單掌輪流練習，或只練單掌。此功練成之後，極為厲害，只是非常難練，非幾十年苦功不能成功。

小循環功

小循環功是武當派傳統功法，屬靜功。

小循環功練法：練者晨夕兩次，在空曠之處面南而立，寬衣鬆帶，全身放鬆。練者持自然立正姿勢，兩腳分開略比肩寬，頭正身直，虛靈頂勁，心寧神安。雙目平視，兩膝微屈，兩臂自然彎屈於胸腹前，雙掌十指相對，掌心正對丹田。先調整呼吸，意守丹田，緩呼緩吸，鬆靜自然。調心入靜，如用丹田聞己呼吸，以一念除萬念。隨後開始入功。先運氣於丹田，由丹田而入睾丸（男為睾丸，女為會陰）。提睾丸將氣至會陰轉長強，通命門轉神闕，再由神闕下丹田。如此作為一個循環，循環不息而練。

初時以意運氣，漸而氣流不絕，直至如有熱流而行，方可稱為成功。此為煉精化氣，煉氣化神，煉神而還虛功部

小循環功

份，有強精內壯之功效。

一字混元樁功

　　一字混元樁功：練者面南而立，頭正身正，全身放鬆，抵唇閉齒，舌抵上腭，心寧神安，毫光內斂。初時腳尖併攏，然後雙腳以腳跟為軸，腳尖分別向外成一字形。再以腳尖為軸，腳跟向外分成一字。最後以腳跟為軸再轉腳尖向外成一字形。此時兩腳掌向左右成一直線，兩腳之間相當於兩只腳掌的距離。然後雙腿自然微屈，成蛤蟆式。

　　樁式站定之後，緩呼緩吸，意守丹田。兩手向前輕輕上舉至胸前，如抱嬰孩。兩肩鬆垂，雙掌向內成陰陽掌式，十指相對，緩緩氣動，拇指與拇指相距三寸。然後神氣內斂，頭向上頂，肛欲上提，沉肩鬆胯，氣貫丹田，意入拇指，緩呼緩吸，使兩拇指意氣相通。

　　接著，用逆呼吸法，即吸氣時小腹內收，存氣於胸喉之間，呼氣時小腹隆起。呼吸均用鼻，呼吸均要緩柔細長，有綿綿不絕之感，吸氣時，男者意存左手無名指尖，女子意在右手無名指尖。然後，將氣收至喉間，緩緩將氣呼出，並納入丹田。呼氣時，男子將意念由喉間順右臂入右掌中指尖溢出，女子則相反。

　　如此一呼一吸，意念隨氣由左手無名指入，貯於喉間，再一部份納入丹田，一部份由右中指而發。

　　上法成功之後，再將氣轉入胎息，由氣在胎息中先動。久而久之口鼻俱停，而腹中如有物然，如此便練成了煉神還虛之功。

一字混元樁功

子午盤功

子午盤功是武當派靜坐之功。

子午盤功練法：在清靜空氣流通之空室中，於床上或凳上，雙腿盤膝而坐。先以左腿內屈，腳跟抵會陰穴，隨之右腿彎屈，右腳置於左腿之上或雙腳交叉抱於左腿外。身體坐正，兩臂自然前屈，以右手拇指、中指輕扣左手無名指根。兩掌虛握，右拇指在左掌內，右中指在左掌外，同時左手拇指與中指輕扣，成子午訣置於丹田。

盤坐之後，虛靈頂勁，抿唇閉齒，舌抵上腭，全身放鬆。調心入靜，心寧如無物，呼吸自然和緩，意存丹田。此時用順呼吸法，即：吸氣時小腹隆起，存氣於丹田，貯之一時，再緩緩收縮小腹，將氣由鼻送出。如此緩緩循環，如有真氣連綿不斷。

子午盤功練習既久，丹田中有真氣上升，小腹中有熱氣上升而暖全身。此時緩以意將氣相存，使之蓄於丹田，不可有散。久之其氣益增，腹如火炙。持之而習，火炙之感漸逝，而覺內熱如火球滾動，大小如泥丸耳。此時將氣上提，意其衝會陰，經尾閭，入命門，上玉枕（此時須提玉樓以助氣通。玉樓穴在兩耳上高骨縫中），再向前流鵲橋，過巨闕，注丹田。如此循環為一小周天。

每次練習以小周天為序，循環而練，持之以恆，其氣再走兩臂入全身，全身各處均能走到，最後均注入丹田，此時丹田中如有夜海明珠，熒熒然，其真氣也。

子午盤功

虎爪功

武當虎爪手是天下聞名的絕技，故武當歷代將此功視為鎮山法寶，非嫡傳弟子而不傳。

武當虎爪功與一字混元樁聯為一脈。一字混元樁是虎爪功的基礎，習者要先練一字混元樁功夫，功夫大成之後方能練習虎爪功。而且每當虎爪功練習之前，必定先練一字混元樁功，功畢，即起身兩腳轉回，腳跟併攏，腳尖分開。身正頭直，雙手自然下垂，按前後金剛卷、左右太極圈的步驟練虎爪功。

1. 前後金剛卷：

自然開立，兩腳間距與肩同寬，兩臂屈肘緩緩向上提起，置於腹前，掌心向下，十指相對。調整呼吸，氣沉丹田。隨即將氣運向命門，同時雙掌平舉上提過臍，再將氣憋住向神闕穴推運，並推入丹田，同時雙掌十指成勾弧狀，緩緩由裡向外做轉圈運動。要求身體不動，雙肩放鬆下垂，兩臂不可用力，意在十指尖，此時無力勝有力。

如此三十六次之後，再做逆向運動。氣由丹田經神闕，而推向命門入丹田。雙掌抓勾由外向裡，做轉圈運動，整個動作要和緩用柔力，連綿不斷。

2. 左右太極圈：

太極圈以柔緩為貴，其勢如涓涓溪水，連綿蠶絲。練法是接上預備勢後，兩手彎屈置於腹前，掌心向腹，十指朝下，兩掌相距二寸。

緩緩吸氣存於丹田，意念將氣在腹腔內關元穴上胸橫膈膜下，做旋圈運動。

虎爪功

先將氣作順時針旋圈，兩手隨之運動，左手向下做推按動作，右手做虎爪狀，由下緩緩向上提抓。左掌由上而下，意在掌心，右手力在指尖。當左掌按到底時，右手變掌向下推按，右掌變抓，緩緩上提。兩手動作一個循環為一次，做三十六次後，腹腔內氣改為逆時針旋圈，雙手動作相反，也做三十六次。順逆動作可循環進行。

上述動作完成之後，可稍事休息後再練。成預備姿勢後，兩腿略屈，兩手做陰虎爪姿勢左右分開，高與肋齊。以意運氣入雙手十指，當十指有麻木感覺之後，可慢慢蠕動，做抓撓狀。

此功練習，不可有一日鬆懈，三年之後大功告成。如此分筋錯骨，點穴閉氣，便能得心應手。

地龍功

地龍功是練腿功內功的一種功夫，歷來奉為武當功夫的瑰寶。

武當地龍功的秘訣曰：地龍真經，利在底功。全身練地，強固精明。伸可成屈，住宜能行。行住無跡，伸屈潛蹤。身堅似鐵，法密如功，翻猛如虎，搏擊似鷹。倒分前後，左右分明。門有變化，法無定形。前攻用手，二三門同，後攻用足，踵膝通收。遠則進擊，近則接迎。大胯著地，側身而成。仰倒若坐，尻尾單憑，高低任意，遠近縱橫。訣為何意，武當地龍。

武當地龍功既是一種單練的基本功法，又是一系列練腿法的套路，其中有一百零八路腿法、迎風八閃及九宮跌拿等諸般招法，內含天罡地煞之說，含八卦走九宮，變化繁複異

地龍功

常。此法非三言兩語可盡，這裡只介紹作為單練的基本功法。

　　練地龍功前，可選擇一些其他功夫和拳路進行鍛鍊，以放鬆筋骨，活絡血脈。練地龍功時先正身站立，心定神寧，全身放鬆，兩手自然下垂。然後將左腿緩緩彎屈上提，膝蓋置於胸前，腳尖翹起，以右腳支撐站立。身體不可前俯後仰，應直腰挺胸。

　　隨後右腳跟慢慢離地，以腳五趾抓地，腳掌湧泉穴懸空。初練時五趾無法站穩，可以前腳掌站立，後遂改用五趾。兩手左右平舉，掌心向下，以持平衡。練之既久，功夫日深，便可將身體任意搖晃，如風擺荷葉，而根深蒂固，五趾牢扣於地。

　　接上平衡之式，雙手相向掄臂轉動，在胸前交叉，架於左膝之上，掌心向肩，然後用鼻深深吸氣存於丹田，再將丹

田之氣上提至華蓋穴。兩臂正向轉動兩次成一交叉，再反向轉動兩次交叉一次，如此正反交叉為一個循環，做三十六次循環之後，可做下蹲法練習。

下蹲法為左腿緩緩彎屈，身體隨之下坐，成全蹲同時雙手成立掌，掌心朝外，向左右緩緩用力撐開，右腳隨之向前蹬出。右腿蹬直，腳背繃直，腳尖伸平。左腳初以全腳掌落地，後改用前腳掌和五趾。然後用鼻做深呼吸，氣沉丹田，以意領氣，將氣由丹田直入右腳尖，並做腳尖翹起、繃直動作二次，再將氣緩緩呼出，待氣盡呼，左腳緩緩直立，右腳放下，雙手自然下垂成預備勢。調整呼吸後，可依法再練，仍提右腿。如此反覆動作力竭而止，再換左腿練習。

此功最長腿力，而且真氣綿綿，強壯固精，以氣練功，奧妙無窮。

硬功功法

龍腿功

龍腿功又稱鐵牛犁地，是專練手指力量的功夫。

此功練法最為簡單，只需一塊可臥身之處即可。練者平伏於地下，兩臂彎屈，雙掌在雙肩之下撐於地面，兩腿伸直，以腳尖撐地。先用雙掌之力，將身體撐起，手臂彎屈成90°，肘部貼於兩肋，使身體成一水平狀。然後將身體前運後抬。所謂前運，就是身體盡力向前伸，以手臂伸直為度，身體高度與前同。身體衝到極處，抬頭呼氣，存於丹田。所謂後抬，就是緊接上勢之後，將身體下降，以不觸地為度，

龍腿功

然後身體後移動，將臀部抬起，眼視襠部，雙腳變腳跟著地，兩手伸直，緩緩將氣呼出。前運時，以頭引身而進，後抬時，以腰胯為節而蜷。前運、後抬為一個循環，練習應循序漸進，初時三五次，繼而二三十次。有空時便練，長功很快。前撐之力，初時全掌，後用五指，再練三指（拇指、食指和中指）、二指（拇指與食指），最後可練一指（食指或拇指）。

此功練習之後，指力過人，抓筋點穴無不得心應手。

卷地龍功

卷地龍功是專門訓練足譾部之功的一種功夫。

練功時應擇一合抱之大樹進行。練者在樹前一尺半處站定，兩腳自然分開，兩手自然垂於兩側。雙掌先合力擊樹，擊點高與胸喉部齊，用力於掌根指尖。隨後雙掌蓄勁下塌，

卷地龍功

掌心朝下，左掌在前，右掌在後，十指微扣，雙掌收至左腹前。隨即，右腳朝前刮地而起，以腳前掌往樹根尺許高處擊踢（切不可用腳趾踢樹，以免骨折）。同時，雙掌翻上，經胸前合抱向樹幹擊打。腳踢和掌擊要同時碰樹，不可分前後。右腳收回原處，再做雙掌下塌動作，繼而腳踢掌打。

擊打時，身體要正直，著力於左腳，左腳應以五趾扣地，後跟站穩，使身體不隨動作而搖晃。雙掌下塌用蓄勁，雙掌合於胸前要略有停頓，隨後擊掌時方可用力。掌下塌時吸氣，踢腳時呼氣，均以鼻孔呼吸。抿唇閉齒，舌抵上腭，以腰之力以助腳。

初練時不可用力過猛，力量應由小而大。每次練習五十次或數百次不限，應按體力而定。

踢樹練習既久，可改為埋樁練習。用三寸粗堅硬木樁數根，將其埋入土中一尺，周圍以土埋實，樁露出地面二尺。如能依次將十根樁一腳踢倒，其功大成。

卷地龍功夫練就之後，兩腿之力極大，並且雙掌功夫不淺。臨陣對敵，以此功夫加上變化多端之腿法，縱有百人圍攻，彈腿揮掌間便能化險為夷。

沙包功

沙包功俗稱打沙袋，是訓練人的反應能力和打擊力量的功夫。此功夫各派拳術都有練習，而各有其不同的練法。

先用粗帆布或結實的布縫三尺長、一尺半寬的布袋一個，內裝細沙鋸末，上用布帶紮緊，穿以粗繩，以備懸掛。沙包功初重三十斤，以後按訓練情況逐步加重，直至二百斤。沙袋懸於高樑之上，沙包正中部與頭平。初時可先練雙

沙包功

掌雙拳之力，人距沙包尺半距離，練者以拳掌打擊沙包。初時出力不大，出拳速度不必很快，要求勇猛準確，要擊打沙包正中，不能打偏。當拳能將沙包打得向後蕩出時，須在沙包蕩回而未到極限處，即出另一拳打擊，使其再次蕩出，蕩回再打。如果沙包蕩到極處，自會向後蕩回，此時出拳已無練習價值了。此法熟練之後，先練雙肘、雙膝，繼而雙肩、腰胯，最後練兩腳和額頭。此時練習皆以定步為主，以練力為主，使全身各部都學會打擊即可。

第二步練活步功夫。人在沙包前將沙包打出後，即以沙包為九宮之中宮，人在此四周起九宮步法，凡遇沙包蕩來，必須還擊，所用部位不限，拳、腳、頭、肩、肘、膝、胯皆可，而且要用各種手法。這就要求速度快，況且沙包擺動幅度越大，其重量也越大。這樣練習，從初時十五分鐘起，直至一兩個小時連續不停，其功夫便成了。

此功實戰性強，雖隻身一人，如若陷入重圍之中，即渾身上下都是手，左打右擊，前掃後踢，如入無人之境。

插砂功

插砂功又稱鐵珠功，是專門訓練手指和手掌的一種功夫。

先備大缸一口，內徑在尺半以上，深尺餘即可。另再備米、紅豆或綠豆、鐵砂、鐵球若干。練前須先將手指甲剪淨，並將洗掌之藥煎好備用。

初練時，在缸內將米倒入至八成滿，練者馬步立於缸前，身離米缸半尺之距。練者凝氣於丹田，緩呼緩吸，兩手平屈於胸前，掌心向內，十指張開向下。先以一手插入米

插砂功

中，該手提起後，另一手插入。插米的速度不必很快，要求穩妥，並以意將丹田之氣引到插入之手指端。兩手插入的深度，也應由淺至深。當練至豆碎成粉，可改為鐵砂、鐵珠混合練習。初練之時，手指發燙，手掌發熱，伴有脫皮青腫現象。因此，每次練習之後，須以藥水洗泡，否則會使手掌、十指損傷。只有用藥水輔佐，才能防損助功。

如無藥者，不可習此功。以往歷代名家在習此功時，還在鐵砂中拌入各種藥物，而練「五毒神掌手」之類功夫，在今天大可不必，故略去不作介紹。

此功練成之後，指力無比，掌力奇大，抓人便能傷筋斷骨，點穴卸骨即有性命之虞。故有此功者，不可隨便出手，以免傷人。

渾元功

渾元功是訓練全身肌肉筋骨承受打擊力的一種功夫。

先備質地堅固之布袋若干，袋內裝入綠豆、紅豆、金剛沙及花椒、龍骨、乳香、沒藥等生肌散毒之藥。藥與豆類充分拌和，袋口以繩紮緊，並留出幾尺繩尾，以作抓手之處。

練功時，人站樁步而立，身著薄衣。右手抓住袋尾，長度以能使布袋擊身為宜。練者作吐納呼吸之後，將布袋在胸、腹、肋、肩、背、腰、頭、腿各處輕輕拍打。每當布袋擊身體一處時，該處應即以意領氣，意欲以內氣而抵外力。右手擊打幾十下後，改換左手擊打。兩手擊打直至力疲而止。稍事休息之後，將布袋置石桌、石板或石塊之上，使布袋高及人腹。隨後，練者馬步立於袋前，以兩手輪流用掌或掌背拍擊布袋，也至力疲而止。如此每日不懈練習，兩手用

渾元功

力也日益增大。數月後便需更換布袋。

　　布袋由小到大，依次而用。如果袋中之豆擊碎，便要更換袋內豆類和藥物，否則長功就慢。如此練習兩年之後，各部肌肉開始堅實，即可加大拍打力量和速度，並注重兩肋及軟襠處的練習。同時在拍打布袋之後，將布袋高高拋上天空，用手接袋後，急速上扔。如此再練一年，不但全身各部堅實如鐵，經得住拳打腳踢，而且雙掌如鐵鉗。此功練習時，並以內功輔之，其效更大。

兩儀球功

　　兩儀球功又稱鐵彈功，是專門訓練手腕、指力和發射暗器的一種功夫。

　　先備鐵鑄之三五斤圓球若干，練者每日有暇，即手盤鐵球兩個進行練習。初時單向轉動，要求靈活，兩鐵球互相轉

兩儀球功

動而不相碰。繼而正反相交替盤球，要求每次轉球的時間逐步增加。一手疲勞無力時，可改換另一手轉動，直至一次能盤球半小時以上，即可加一鐵球，兩手正反盤旋三個鐵球。如此能轉半至一個小時，第一步功夫成了，此時十指力量極大，腕關節也非常靈活有力。

　　第二步功夫練飛球。飛球的練法有兩種：一種是彈球，一種是擲球，其一是練指力之法，其二是練腕力。

　　彈球的方法是，在野外或庭院中擇一固定之目標，以中指指甲處將鐵球彈向目標。初時鐵球離手即落，直練至三尺外能彈碎瓷瓶而止。

　　擲球的方法是：在野外先擇一固定之大目標，或樹幹或巨石，人在三丈外，持鐵球擲向目標。熟練之後目標可越來越小，最後可將小石用繩懸掛樹上，要求一擲而中。能擲中後，還要練力，直至三丈外能一球擊斷寸餘粗樹枝而止。

金針指功

接著練擲活動目標，可先將一鐵球拋向天空，待其未落地時，以另一球擊之。直至能在空中拋出兩球，而一氣以四球分別擊之，如有三球能擊中，此時指力、腕力、臂力已入非凡境界。

此功練習第一步較易，第二步則頗費功夫，如無恆心苦練，三五年也難以成功。此功練就後，擒拿纏繞，格鬥發彈更是得心應手。

金針指功

金針指功也是專門訓練手指力量的一種功夫。

練前先找一塊二尺長、一尺寬、厚約寸餘的青石板或大理石塊，如無，一般生鐵或熟鐵鋼板也可。練者先將指甲剪淨，方可用功。石板擱在板凳上，高與人腹齊。練者距石板半尺而立，兩腿屈成馬步，馬步之高低，可按其能力而定，

兩手屈於胸前自然下垂。兩手十指先在石板上慢慢往返摟磨，要求呼吸自然和緩，指尖用意不用力，以指紋處摟磨。如此半小時之後，可用十指在石板各處點打二百次。手指提起時離板半寸即可。擊打時要用手腕之力，要有彈力，動作要點、打分明，點後即起，略有停頓，再行打。用力不必凶猛，但意為擊石而穿，持久而練，手指尖會慢慢磨平，十指發燙，偶爾發硬。

一般初習者，擇鋼板練習為宜，因為鋼板一般較為平整，而石板平面粗糙，容易傷手。以上練習，直至五指在木板、石板、青磚上擊打而有凹印時，可稱真功成矣。

此功練成後，指力鋒利無比，猶如利刃，因此平時更須小心行事，以免疏忽而有意之事。此法如在鋼板上充磁後練習，對人體健康也有益，如無磁物，可將兩塊鋼板互磨，則發生天然磁場，效果更佳。

跌打損傷外用洗泡秘方

歸尾 9 克	骨碎補 10 克	透骨草 12 克
桃仁 10 克	赤芍 12 克	劉寄奴 12 克
丹皮 10 克	紅花 8 克	川芎 10 克
落得打 10 克	蔥頭 5 個	生薑 一塊

大展出版社有限公司
品冠文化出版社

圖書目錄

地址：台北市北投區(石牌)　　電話：(02) 28236031
　　　致遠一路二段 12 巷 1 號　　　　　28236033
郵撥：01669551＜大展＞　　　傳真：(02) 28272069

2. 神奇拍打療法	安在峰著	200元
3. 神奇拔罐療法	安在峰著	200元
4. 神奇艾灸療法	安在峰著	200元
5. 神奇貼敷療法	安在峰著	200元
6. 神奇薰洗療法	安在峰著	200元
7. 神奇耳穴療法	安在峰著	200元
8. 神奇指針療法	安在峰著	200元
9. 神奇藥酒療法	安在峰著	200元
10. 神奇藥茶療法	安在峰著	200元
11. 神奇推拿療法	張貴荷著	200元
12. 神奇止痛療法	漆 浩 著	200元

·彩色圖解保健· 品冠編號64

1. 瘦身	主婦之友社	300元
2. 腰痛	主婦之友社	300元
3. 肩膀痠痛	主婦之友社	300元
4. 腰、膝、腳的疼痛	主婦之友社	300元
5. 壓力、精神疲勞	主婦之友社	300元
6. 眼睛疲勞、視力減退	主婦之友社	300元

·心 想 事 成· 品冠編號65

1. 魔法愛情點心	結城莫拉著	120元
2. 可愛手工飾品	結城莫拉著	120元
3. 可愛打扮 & 髮型	結城莫拉著	120元
4. 撲克牌算命	結城莫拉著	120元

·少 年 偵 探· 品冠編號66

1. 怪盜二十面相	（精）	江戶川亂步著	特價189元
2. 少年偵探團	（精）	江戶川亂步著	特價189元
3. 妖怪博士	（精）	江戶川亂步著	特價189元
4. 大金塊	（精）	江戶川亂步著	特價230元
5. 青銅魔人	（精）	江戶川亂步著	特價230元
6. 地底魔術王	（精）	江戶川亂步著	特價230元
7. 透明怪人	（精）	江戶川亂步著	特價230元
8. 怪人四十面相	（精）	江戶川亂步著	特價230元
9. 宇宙怪人	（精）	江戶川亂步著	特價230元
10. 恐怖的鐵塔王國	（精）	江戶川亂步著	特價230元
11. 灰色巨人	（精）	江戶川亂步著	特價230元
12. 海底魔術師	（精）	江戶川亂步著	特價230元
13. 黃金豹	（精）	江戶川亂步著	特價230元
14. 魔法博士	（精）	江戶川亂步著	特價230元

·熱 門 新 知· 品冠編號 67

法律專欄連載· 大展編號 58

台大法學院　　　法律學系／策劃
　　　　　　　　　法律服務社／編著

·武 術 特 輯· 大展編號 10

15. 太極拳譜	清・王宗岳等著	280 元
16. 散手初學	冷　峰編著	200 元
17. 南拳	朱瑞琪編著	180 元
18. 吳式太極劍	王培生著	200 元
19. 太極拳健身與技擊	王培生著	250 元
20. 秘傳武當八卦掌	狄兆龍著	250 元
21. 太極拳論譚	沈　壽著	250 元
22. 陳式太極拳技擊法	馬　虹著	250 元
23. 三十四式太極劍	闞桂香著	180 元
24. 楊式秘傳 129 式太極長拳	張楚全著	280 元
25. 楊式太極拳架詳解	林炳堯著	280 元
26. 華佗五禽劍	劉時榮著	180 元
27. 太極拳基礎講座：基本功與簡化 24 式	李德印著	250 元
28. 武式太極拳精華	薛乃印著	200 元
29. 陳式太極拳拳理闡微	馬　虹著	350 元
30. 陳式太極拳體用全書	馬　虹著	400 元
31. 張三豐太極拳	陳占奎著	200 元
32. 中國太極推手	張　山主編	300 元
33. 48 式太極拳入門	門惠豐編著	220 元
34. 太極拳奇人奇功	嚴翰秀編著	250 元
35. 心意門秘籍	李新民編著	220 元
36. 三才門乾坤戊己功	王培生編著	220 元
37. 武式太極劍精華 +VCD	薛乃印編著	350 元
38. 楊式太極拳	傅鐘文演述	200 元
39. 陳式太極拳、劍 36 式	闞桂香編著	250 元
40. 正宗武式太極拳	薛乃印著	220 元
41. 杜元化＜太極拳正宗＞考析	王海洲等著	300 元
42. ＜珍貴版＞陳式太極拳	沈家楨著	280 元
43. 24 式太極拳＋VCD	中國國家體育總局	350 元
44. 太極推手絕技	安在峰編著	250 元
45. 孫祿堂武學錄	孫祿堂著	300 元
46. ＜珍貴本＞陳式太極拳精選	馮志強著	280 元
47. 武當趙保太極拳小架	鄭悟清傳授	250 元
48. 太極拳習練知識問答	邱丕相主編	220 元

・原地太極拳系列・大展編號 11

1. 原地綜合太極拳 24 式	胡啟賢創編	220 元
2. 原地活步太極拳 42 式	胡啟賢創編	200 元
3. 原地簡化太極拳 24 式	胡啟賢創編	200 元
4. 原地太極拳 12 式	胡啟賢創編	200 元
5. 原地青少年太極拳 22 式	胡啟賢創編	200 元

·秘傳占卜系列· 大展編號 14

·趣味心理講座· 大展編號 15

・青 春 天 地・ 大展編號 17

·健 康 天 地· 大展編號 18

・實用女性學講座・大展編號 19

・校 園 系 列・大展編號 20

國家圖書館出版品預行編目資料

少林七十二藝與武當三十六功／裴錫榮　吳忠賢編著
——初版，——臺北市，大展，2003年〔民92〕
面；21公分，——（中華傳統武術；4）
ISBN 957-468-199-8 （平裝）

1.武術—中國
528.97　　　　　　　　　　　　　　　　91024211

北京人民體育出版社授權中文繁體字版

少林七十二藝與武當三十六功　　ISBN 957-468-199-8

著　　者／裴錫榮　吳忠賢

責任編輯／趙振平

發 行 人／蔡森明

出 版 者／大展出版社有限公司

社　　址／台北市北投區（石牌）致遠一路2段12巷1號

電　　話／（02）28236031・28236033・28233123

傳　　眞／（02）28272069

郵政劃撥／01669551

E - mail／dah_jaan@yahoo.com.tw

登 記 證／局版臺業字第2171號

承 印 者／高星印刷品行

裝　　訂／協億印製廠股份有限公司

排 版 者／弘益電腦排版有限公司

初版1刷／2003年（民92年）3月

定　價／230元